JN438727

소금창고

소금창고

엄현옥 제8수필집

| 책머리에 |

≪받아쓰기≫(2017) 이후 발표해온 작품들을 묶었다. 8집 ≪소금창고≫에는 변화된 사회의 급물살을 거스르지 못한 채 세태에 휩쓸린 중간자中間者의 어수룩한 모습이 담겨있다.

3부에는 2014년부터 2년간 ≪여행작가≫에 연재했던 '이야기가 있는 풍경-떡 이야기'도 엮었으나, 내 그릇에 담을 만큼의 한계에 머물렀을 뿐이다.

내 문학의 언저리를 배회하는 바람 소리는 이번에도 담지 못한 아쉬움이 크다.

2019년 7월에

엄현옥

| 목차 |

01

비대면 시대

02

피렌체를 떠나며

03

떡 이야기

04

아벨서점

1부

비대면 시대

비대면 시대

사발면 절반 크기였다. 더운 물을 부어 먹는 즉석 면이었으나 생소했다. 뚜껑 윗면으로 갈수록 지름이 넓어지는 낯익은 용기가 아닌, 작은 원통형이었다. 포장의 갈색과 노랑의 디자인은 은행 로고의 색상을 연상케 했다.

은행에서 보낸 '비대면'이었다. '비대면麵'의 면은 국수를 뜻하는 면麵이지만 '비非 대면對面'의 대가였으니 중의적인 의미를 내포한 기발한 상품명이었다. 은행에 갈 시간이 여의치 않았던 딸이 인터넷 뱅킹으로 계좌를 개설하자 배달된 사은품이었다. 주식도 간식도 아닌 애매한 먹거리인 비대면은 창구에서 직원을 대면하고 계좌를 만든 고객에겐 주지 않았으리라.

"3분이면 OK!"라고 적힌 고딕체 아래 "개인정보 제공 및 약관 동의 시간 제외"라고 쓰여 있었다. 사이버 비대면 계좌 개설에 소요되는 시간과 조리 시간을 동일하게 만들어 소비자에게 각인시키는 집요함이라니…. 노란 봉지의 분말 스프에는 '얼큰한 맛', '거래 수수료 10년간 무료'라는 문구도 쓰여 있었다. 자산이 불어나도록 후후 불어 드시라는 덕담까지 곁들였다.

물을 부으니 봉지로 된 용기 아랫부분이 늘어나 휴대에 용이할 것 같았다. 맛이 궁금했다. 잠시만 기다리면 인스턴트 식품 특유의 풍미가 미각을 자극하겠지. 지금껏 먹었던 즉석 면과 비슷하지 않을까.

예전에는 은행이나 증권, 우체국, 금융 업무를 보기 위해서는 번호표를 뽑았다. 전광판에 자신의 번호가 들어오는 순간만을 기다렸다. 그 후 인터넷 뱅킹이 익숙해질 만하니 스마트폰으로 조회, 송금 등이 가능해졌다. 그러나 새로운 계좌를 만들 때만큼은 창구 직원의 도움이 필수였다. 3년 전부터 인터넷의 비대면 계좌를 홍보하더니, 증권사 등으로 확대되었다. 수수료를 깎아주거나 이율을 높여주는 다양한 이벤트는 물론, 근래에는 대출까지 가능해졌다.

비대면 사회의 허상을 대변하는 영화 〈서치, Searching〉(2018)는 실종된 딸을 찾아 나선 아빠의 디지털 추적기다. 딸의 행적을 찾아 나선 아빠가 디지털 라이프로 이어지는 다양한 관계를 검색하는 과정에서 딸의 붕괴된 인간관계가 드러났다. 수많은 온라인 친구들 중 그녀를 실제로 아는 사람은 없었다. 딸의 페이스북 친구들은 인사만을 주고받는 피상적인 관계였다. 스터디를 함께한 친구조차 그녀를 대학 진학을 위한 도구로 여겼으며, 딸의 실종을 이용해 온라인 콘텐츠를 만들고 주목받기까지 했다. 누군가의 슬픔과 좌절을 좋은 아이템으로 부각시키는 디지털 세상의 오염상태를 적나라하게 보여주었다.

딸과 메시지를 주고 받았으나 정작 딸의 아픔은 알지 못했던 아버지, 가족이 실종된 상황이라지만 딸의 온라인 기록을 열람하는 그의 모습은 온라인 세상의 흔적들이 단서가 되는 21세기의 불안을 대변했다. 정보의 밀림 속에서 방황하는 현대인의 실존이 낯설지 않았다.

사람들은 점차 대면 대화를 부담스러워 한다. 굳이 대면하지 않아도 알리고픈 근황을 인스타그램에 올리면 반응은 즉각 나타난다. 인간관계뿐 아니다. 필요한 상품을 골라 주문하는 일도 단시간에 마무리된다. 그런 경로로 구입한 상품은 무인 택배함이나, "물건을 현관 문 앞에 두고 갑니다."라는 메시지로 배달을 끝낸다. 업무와 관련된 회신이 필요한 경우 나 역시 메시지로 알려달라고 통보한다.

지난 주말 월남쌀국수집에 갔다. 주인은 자리를 안내하고 주문을 받는 대신, 무인 주문기로 안내했다. 화면에 먹음직스런 메뉴 사진이 떴다. 원하는 메뉴를 살짝 터치했더니 수량을 선택하고 어서 카드를 넣으란다. 주문표를 건네려니 이미 기계가 주문을 넣은 상태였다.

4차 산업혁명이라는 낯설지 않은 물결에 기업들은 다양한 서비스를 앞다투어 내놓았다. 점심 시간에는 인건비 절감과 기다리는 불편함이 없으니, 셀프 오더(Self order)타입도 확대되는 추세다. 사람들은 빅 데이터와 인공지능 등의 기술로 불편함 없이 사용할 수 있는 비대면 서비스에 자신도 모르게 적응되고 있다. 이런 현상이 익숙해지면, 점차 사람이 사람을 기피하고 대면하는 일에 부담을 느끼게 되리라. 반면 이용이 어려운 노인들은 소외감을 느낀다.

3분이 훌쩍 지났다. 비대면에 대한 비호감을 털어내려 즉석 면의 종이 뚜껑을 열었다. 더운 김이 안경 렌즈를 덮쳤다. 젓가락으로 가볍게 저어 한 입 넣었다. 누런 국물은 지나치게 매웠다. 기대했던 맛은 아니었다. 알루미늄 냄비에 끓여 젓가락을 부딪치며 제 몫을 덜어내 먹던 맛과는 달랐다.

그러면 그렇지. 마주치거나 찾아주지 않음이 감사한 시대가 선물한 음식에서 감칠맛이 날 리가 있나. 비대면이 다시 먹고 싶은 맛이 아닌 것은 그나마 다행이다.

소금창고

낡은 수문이 서 있는 좁은 길을 지났다. 아까시 나무는 며칠 만에 그늘을 키웠다. 길 양편으로 갯벌이 과묵하게 앉아있었다. 초록빛으로 변한 갯벌은 바람과 갈대의 소요에 미동도 없었다. 평소 보았던 걸쭉한 암회색 갯벌이 별안간 초록색이 되어버린 이유를 알 수 없었다. 무슨 연유가 있으리라.

갯벌이 초록색으로 변한 이유가 궁금했으나, 네이버의 검색창을 열지 않았다. 지금껏 적나라한 근거와 명징한 논리에 무수히 설득당해온 터, 신비로운 영역이나 이유를 알 수 없는 현상 하나쯤 있어도 좋았다.

갯벌은 바다를 따라 나가지 않았다. 바다를 보내고 맞으며 제자리를 지켰다. 바다는 고작 한나절 후면 갯벌에 덥석 안겼으므로 물 썬 때에도 갯벌은 마르지 않았다. 갯벌의 흡인력에 난바다로 나아가지 못했다.

갈대 무성한 습지에는 탐조대가 즐비했다. 새를 촬영할 때 내 편에서만 볼 수 있는 가림막이었다. 새에게는 사생활 보호의 필요성이나 초상권이 없는지 출사 나온 이들은 저마다의 프레임에 새들을 담았다. 인공구조물이 더 이상 들어오지 않기를 바라는 마음으로 염전이었던 갈대숲을 걸었다.

전시용으로 남은 염전의 칸막이는 지금도 견고했다. 칸칸이 나누어진 그곳에서는 염기鹽氣로 무거워진 바닷물이 시시때때로 불어대던 바람에 물기를 말렸다. 마지막 칸에 이르러서야 흰 결정結晶으로 빛났다. 바람과 햇볕에 졸여진 함수에 소금꽃이 맺히면 기다림으로 다져진 염부들에게 소금더미가 봉분처럼 쌓였다. 짭짤한 보상이었다. 여태까지 우리가 지내온 시간들도 이미 정해진 칸에서 다른 칸으로 옮겨 다니는 일과 다르지 않았다. 원한다 하여 시간이 구획지어 놓은 칸을 이탈할 수 없었다.

소금창고가 보이기 시작했다. 무성한 갈대는 계절이 변한다고 서둘러 얼굴을 바꾸지 않았다. 지난겨울에 연한 베이지색으로 사위어

가던 마른 줄기는 매년 시들고 다시 자라나기를 반복하며 갈대는 강인해졌다. 누구도 해를 보낸 갈대를 베어내지 않았다. 누런 갈대는 갓 올라온 초록잎을 감싸며 바람을 견디는 방법을 온몸으로 알려주었다. 풋풋하게 올라온 새 잎과 함께 존재감을 드러냈다.

소금창고 앞에 섰다. 창고 주변은 건들마가 서성이던 들판이었다. 바람막이 없이 삭풍과 시간의 침식을 견딘 남루한 창고는 바람과 햇빛에 나날이 여위어 몸을 가누기 힘들어 보였다. 시간의 만장挽章인 듯 녹슨 함석 지붕이 바람에 파닥거렸다. 창고 부근으로는 갈대가 없는 단단한 바닥이 드러났다. 마른 갯벌에 스민 소금버캐는 함초와 칠면초를 간신히 품었다.

소금창고에는 눈부시게 빛나던 소금이 산을 이루었다. 짠물의 결정체인 천일염이 귀하던 시절, 소금의 종착역이던 창고는 한때 분주한 시절을 보냈다. 염부鹽夫의 땀으로 하얀 언덕을 이룬 천일염의 물기를 날리기에 하루해가 짧았다. 견학 온 학생들은 줄지어 들어와 전시용 소금을 만져보고 맛보았다. 녀석들을 빈손으로 보내기가 아쉬워 한 봉지의 소금을 선물로 안겨보냈다. 이제 그들의 발자취도 사라졌다.

적막감이 감도는 낡은 창고는 을씨년스러웠다. 쇠퇴해진 소금창고는 천일염의 박물관이었다. "붕괴 위험 · 출입금지"의 붉은 고딕체가 선명한 표지판이 지나치게 선명했다.

소금창고는 시간의 지성소至聖所다. 염부들의 염원이 담긴 창고 주변에는 고무래질로 저문 해를 맞았을 그들의 땀냄새가 짠 바람으로 배회했다. 그들의 삶이 염장鹽藏된 창고를 오래 바라보아서는 안 된다. 진화하지 못한 초식공룡처럼 뼈대 앙상한 창고를 연민의 눈으로 바라본다면 시간의 풍화와 침식을 견디며 간신히 지탱해온 의지가 흔들릴 것이다. 대규모 택지개발 등으로 갯벌이 매립되고 고층아파트가 들어섰다. 도시가 과거를 기억하는 방식은 지금이라도 그대로 두는 것이다.

빈 창고가 바람에 위태롭다. 바람을 버티기 위해 경사도를 유지하던 나무 벽면도 뼈대만 남았다. 삐딱하게 서서 시간의 흐름을 거스르지 못한 불편한 심기를 감추지 않았다. 간수를 박제하느라 기울였던 안간힘을 멈추어도 좋을 때였다.

나날이 쇠락해 가는 창고는 소금 대신 추억으로 가득 찼다. 쌓아둔 소금을 비워낸 자리로 바람이 넘나들었다. 나른한 햇빛도 한나절은 창고를 내다보며 안부를 살폈다. 어느새 세를 불린 해당화도 빈 창고를 기웃거리다가 창고 안으로 가지를 뻗었다. 흐드러진 이팝나무도 눈치없기는 마찬가지였다.

집에 돌아와 거실의 중문을 밀었다. 남편이 졸음을 이기지 못하고 소파에 앉아있었다. 한 손에 리모컨을 든 채였다. 얼마 전까지만 해도 예상치 못한 장면이었다. 그의 모습이 소금창고와 오버랩되었다.

그는 38년 동안 쉬지 않고 밟아온 고무래질을 내려놓았다. 자신이 길어올린 바닷물이 소금으로 오기까지 일손을 멈추지 않았던 열정의 시간은 비로소 속도를 멈추었다. 영예로운 퇴직이었으나 정작 자신은 기꺼워하지 않은 눈치였다. 소금창고는 창고의 존재만으로도 의미가 있다는 사실을 간과한 것일까.

그 때문인지 자신이 피워낸 소금꽃을 되돌아볼 여유는 아직 갖지 못한 듯했다. 이제는 켜켜이 쌓았던 염기를 거두어내고 지난 시간의 여운에 잠길 때다. 여유로운 마음으로 바람과 햇빛을 즐겨도 좋으리라.

거리 두기

티켓을 보여주자 좌석 번호를 확인하던 승무원이 오른편 입구를 안내했다. 입구 가까이는 비즈니스 클래스 좌석이었다. 타고 내리는 시간을 절약하기에도 그만인 위치였다. 개인의 편의를 배려한 공간의 낮은 칸막이는 모서리가 둥글었다. 방향 조절이 자유로운 모니터와 여유로운 공간에 놓인 발 받침대도 눈에 들어왔다. 독서등이 비추는 간이 탁자도 넉넉했다. 대중교통 이용 중에도 자기만의 공간이 확보되어 안락해 보였다. 내 자리는 아니었다.

그곳을 지나 이코노미 클래스석으로 이동했다. 부러 늦게 들어온 기내는 열기가 후끈했다. 승무원과 승객이 앞다투어 뚜껑이 열린

트렁크를 정돈했다. 내 좌석은 E열 창 쪽, 예상대로였다. 3 · 4 · 3석으로 배치된 좌석에서 통로 쪽이 아닌 경우 불편을 감수해야 했다.

답답했다. 긴 비행시간 동안 화장실 출입이며 스트레칭을 위해 움직이려면 두 사람에게 양해를 얻어야 한다는 생각이 먼저였다. 값비싼 장신구로 치장한 여성에겐 부러움을 느낀 적이 없었으나, 다른 승객과의 적절한 거리로 넉넉한 자리를 차지한 사람들은 부러웠다. 이륙의 순간에도 비즈니스석의 안락한 여유로움이 눈에 어른거렸다.

생면부지의 타인과 팔걸이 하나를 사이에 둔 채 세 끼를 먹고 긴 밤을 보냈다. 통로 쪽 승객이 일어날 때면 그 순간을 놓치지 않고 덩달아 일어섰다. 앉아있는 시간을 최대한 줄이려 기내를 조신하게 걷거나 스트레칭으로 남은 시간을 줄여나갔다.

이코노미 클래스 좌석과 비즈니스 클래스 좌석은 가격 차이가 크다. 공간이 곧 돈으로 치환될 수 있다는 의미다. 아파트 분양가에도 공간과 거리를 적용한 경제 개념이 개입되어 있다. 대중교통과 인접한 편의시설의 거리와 넓은 공간이 비용에 포함된다. 집요한 자본의 논리는 고도 36,000 피트를 상회하는 대기권에서까지 예외 없이 적용되었다.

동일한 금액으로 이용하는 지하철에서도 마찬가지다. 대부분의 승객들은 가장자리에 먼저 앉는다. 타인과의 밀착면을 한쪽이라도 줄이고 싶어서다. 그 다음 가운데에 앉고 점차 그 사이를 채운다. 예외없는 이런 현상은 상대방과의 거리를 두고 싶어 하는 심리적 공간 확보 본능이다.

사람과 사람 사이에도 적당한 간격이 필요하다. 친밀한 개인적 거리가 있는가 하면 공적 거리도 필요하다. 사람과 사람 사이의 거리는 상황에 따라 달라지게 마련이다.

창조적 활동을 위해서도 거리 두기는 필수다. 한 걸음 뒤로 물러서서 대상을 바라보고, 그 과정이 왜곡되지 않도록 하는 거리 두기를 유지한다. 몰입과 거리 두기의 균형은 독창적이고 창의적인 활동을 지속하도록 해 준다.

사람뿐 아니다. 새와 나무들도 거리 두기를 지향한다. 영역표시다. 전선 위에 앉은 새들도 일정한 간격을 유지한다. 불현듯 날아와 우연히 앉아 있는듯해도 저마다의 거리에서 짹짹거리며 소통한다. 그곳에 앉아 자신이 제일 바쁜 새라며 너스레를 떤다. 숲에 뿌리를 내린 나무에게도 적당한 간격이 필요하다. 너무 가까우면 뿌리가 엉켜 영양분을 제대로 흡수하지 못한다. 그렇다고 너무 멀면 폭우나 산사태에 대비할 수 없다. 이렇듯 모든 생명체는 일정한 간격을 유지하고 싶어 한다. 거리가 지켜짐으로써 생태계 질서가 유지되기 때문인지 적절한 거리는 인간뿐 아니라 모든 생명체에게 필요하다.

인간관계는 '다가갈까', '피해갈까'라는 선택의 연속선상에 놓여있다. 관계의 복잡한 문제의 대부분은 거리 조절에 실패했을 때 발생한다. 너무 멀지도 가깝지도 않게 적당한 거리 유지는 필요하지만 쉽지 않다. 지나치게 가까이 다가갔다가 휩쓸리거나 상처받기 쉽다. 그렇다고 지나치게 멀리서 맴돌다 보면 기회는 허망하게 떠나버린다. 목표도 멀어진다. 인간관계에서도 소외되기 십상이다.

모든 관계는 거리와의 겨루기다. 안전거리를 확보하지 못한 과속의 차량은 사고를 일으키기 쉽다. 적절한 거리 확보에 실패하여 나의 마음과는 무관한 결과로 돌아온 적도 있다. 세상과 타인과의 거리 유지에 실패한 이들은 불안하기 마련이다.

나만의 주체적인 삶으로의 전환은 의외로 명료하다. 지금까지 질주해온 삶의 패턴과 상처받아온 타인으로부터 약간의 거리 두기다. 세월을 덧입어 가는 것은 모든 대상과의 적절한 거리 두기 방식에 익숙해지는 것이다.

뉴욕에 도착할 때까지 열네 시간을 갇힌 듯 보냈다. 옆 자리 승객과의 물리적 거리 확보는 불가능했다. 나를 타인으로부터 적절히 격리할 금액을 치르지 않은 대가였다. 도착과 동시에 뒤도 돌아보지 않을 관계의 타인과 제한된 공간에서 지낸 시간은 아득했다.

입국 수속 전이었으나 돌아올 비행기 편에 대한 걱정이 떠나지 않았다.

침묵의 열차

퇴근길이었다.

"지난번 그 집 안주 괜찮았지? 오늘도 거기야. 이제 세 정거장 남았어."

남자의 목소리는 갈수록 커졌다. 차내 소음으로 상대방의 말이 잘 들리지 않는 모양이었다.

승객들은 남자의 술집 안주가 궁금하지 않았다. 남자를 마땅찮은 표정으로 힐끗 바라보았으나 남자는 통화에 도취되어 감지하지 못했다. 이어서 두 명에게 같은 내용의 통화를 반복했다. "나 지금 내려."를 끝으로 남자는 하차했다. 원치 않은 타인의 사생활을 생중계로 듣게 된 씁쓸함은 쉽사리 가시지 않았다. 남자가 목적지에서 내리고서야 차내는 잠잠해졌다.

승객들에게 하루 몫의 피로의 기원은 저마다 달랐다. 공통점은 지친 몸으로 전철에 몸을 맡긴 터라 생기없는 표정은 비슷했다. 원치 않은 소음에 노출된 정신적 피해에 분개할 기력도 없어 보였다.

현대사회에서 침묵의 입지는 점차 좁아졌다. 젊은이들의 선호도가 높은 유명 프랜차이즈 카페나 공공장소에서는 다른 테이블의 소음으로 대화에 방해받곤 한다. 공적 공간은 물론 개인적인 일과 중에도 침묵의 순간은 필수다.

네덜란드 기차에는 침묵의 칸이 있다던가. 대문자 S가 표기된 '사일런트' 칸에서는 대화나 통화가 금지되었다. 유럽뿐만 아니다. 최근 미국의 뉴저지에서 맨해튼을 오가는 특급열차의 한 라인에서도 침묵의 열차를 시범운행하고 있다. "전화통화 금지, 노래 금지, 낮은 목소리로 평화롭게 여행하여 고요히 도착한다."는 안내 포스터가 붙어 있는 객차 풍경이 "선방禪房을 방불케 할 만큼 고요와 적막에 싸여 있다."고 타임스는 보도했다. 그런 공간에서 누리는 호젓함은 스스로에게 주는 선물과 같으리라. 한 번쯤은 타 보고 싶은 열차다.

남자가 내린 문으로 침묵이 스멀스멀 파고들었다. 그가 토해낸 언어의 잔재는 바닥과 청문을 비비더니 소멸되었다. 남자의 통화

테러에 대한 반발이었을까. 차내는 적막이 감돌았다. 평상시였다면 들릴 법한 잔기침이나 전화기 신호음도 들리지 않았다. 누구라도 엄두를 내지 못할 정도의 이상한 침묵이 차내를 점령했다.

주변을 둘러보니 진정한 침묵이라 하기엔 애매했다. 소리를 내지 않았을 뿐, 저마다 무표정한 소통에 열중이었다. 이어폰을 끼고 동영상을 보거나 음악을 듣고 있었다. 손바닥에 놓인 휴대폰의 영상에 빠져 웃음을 삼키거나 쉴 새 없이 검지를 움직이며 메신저로 대화중이었다. 디지털 기기를 손에 든 채 각자의 세계에 빠져든 사람들 사이의 이 고요함은 무엇이란 말인가.

이것을 침묵이라 할 수 있을까. 그것은 상대를 배려한 공중도덕의 발현은 아니었다. 이런 상황을 관계 단절이나 디지털 중독으로 간주하는 것은 시대착오적인지 모른다. 그러한 문화적 현상의 이면에는 보이지 않는 규칙이 작동하고 있다. 대부분의 현대인들은 다양한 공공장소에서 익명화된 만남을 지속한다. 그런 만남에서 표현된 무관심이 냉담함은 아니다. 도리어 숱한 이방인들과의 관계를 유지하기 위한 공손한 거리 둠으로 볼 수 있다.

전철 안은 사람들의 움직임을 극도로 제한하고 타인과의 마주침도 피할 수 없는 공간이다. 열차라는 공공장소에서의 디지털 침묵이 타자를 위한 소리 없는 배려라고 인정하기엔 왠지 씁쓸하다. 개인적인 통화에 음성 조절이 안 되는 경우가 아니라면 사람 사는 세상으로 느껴질 정도의 소음이 그립다.

문명은 침묵이 잠식하는 방향과 침묵의 희생 위에서 발전한다던가. 침묵의 힘을 알았던 카프카는 "행복을 위해서는 침묵으로 충분할 뿐더러 단 하나의 가능한 일은 침묵이다."라고 했다. 그렇다면 저마다의 사색과 독서가 아닌 공공장소에서의 디지털 침묵도 침묵일까.

오늘도 너무 많은 말을 내보냈다. 지하철 문이 스르르 열렸다. 디지털 침묵의 대열에 합류해 볼까.

위기의 남자

남자가 건물의 모서리에 간신히 발을 딛고 서 있다. 서 있다기보다는 허공에 떠 있는 것처럼 보인다. 금색 양복을 입은 그는 바다를 등지고 뭍을 향해 금방이라도 내달릴 것 같다. 떨어지지 않으려 버티는 모습이 애처롭다. 남자의 발밑은 동해 바다가 지척이다. 역광逆光으로 인해 바라보는 것만으로 그의 불안함에 전이된다.

간밤 정동진의 뮤지엄 호텔에서 묵었다. 모처럼 느긋한 하루의 시작을 즐기고 싶었으나 아침바다의 은근한 유혹에 밖으로 나오고 말았다. 조각 공원은 산책하기에 그만이었다. 공원 곳곳에는 나무와 바위 사이로 조각 작품이 포진해 있었다. 경사도 완만하여 시간을 잊은 듯 느리게 걷다가 숨은 그림처럼 나타나는 설치미술품을 감상하는 즐거움이 컸다.

카페 테라스의 나무 바닥에는 두꺼비 두 마리가 조각품으로 앉아 있는가 하면 경사로에는 기린 두 마리가 실물인 듯 정겨웠다. 동해 바다를 바라보며 숲길을 걷다가 바라본 작품들은 주변의 경관과 어우러져 자연스러웠다.

전망대에 오르니 나체 인물상이 두 팔을 벌린 채 맞았다. 자전거 두 대가 데칼코마니인 듯 허공에 매달려 영화 〈ET〉의 장면을 연상케 했다. 기린 머리가 지붕을 뚫고 올라가거나, 바위 틈에 설치된 대형 입술 모양도 파격적이었다.

조각품은 공원에만 있는 것이 아니었다. 하늘과 바다를 볼 때면 어디에서나 금색 양복의 그가 보였다. 공원에 머무는 순간만큼은 자신을 지켜보라는 무언의 암시였을까. 나는 그를 벗어나지 못했다. 그날 아침, 동해 바다의 랜드마크는 정동진의 조형물이나 바다로 달려갈 듯한 호텔이 아닌 남자였다.

그를 바라보며 입안에 맴도는 어휘들을 삼켰다. 위태로움, 아슬아슬, 가까스로… 와 같은 형용사들이 바람결에 스쳤다. 바다가 온몸으로 받아들인 일출의 여운이 가시지 않은 듯 잔잔한 물살에도 몸을 뒤척였다. 그를 만나기 전까지는 이른 아침 산책이 주는 느긋함을 즐겼다. 아침 햇살에 뒤척이는 잔잔한 바다를 품으려 했다면 꿈을 향한 그의 몸짓을 선망했으리라.

그를 본 순간 몰입하여 명명命名했다. '위기의 남자.'라고 남자는 가까스로 서 있는 고층의 난간에서 떨어지지 않으려 버티고 있었다. 가족, 회사, 승진, 실직, 대출금…. 뭍은 그의 생각을 가득 채우고 있을 어휘들이 포진한 늪이었다. 남자는 타인과 나누어 짊어질 수도, 내려놓을 수도 없는 등짐에 눌린 처지일까. 정면을 향한 질주는 절대 고독과 위기를 드러내지 않으려는 안간힘인지도 모른다.

위기의 남자에게는 버티는 것만이 최선은 아니었다. 버티는 것은 현상 유지나 퇴보와 다르지 않았다. 한 걸음이라도 도약하기 위해서는 허공을 향해 팔을 내저으며 쉬지 않고 달려야 하리라. 앞으로 나아가야만 하는 숙명적인 존재인 그에게 바다는 꿈이었다. 그의 몸은 배영背泳의 여유로움과 스킨스쿠버의 짜릿함을 기억하고 있으리라. 이제 젊음을 즐기던 시간을 떨쳐내고 조직의 퍼즐로서의 역할을 직시해야 한다. 뭍을 향한 질주는 발목을 잡는 갯벌 같은 현실로 인해 쉽지만은 않다.

바다는 온몸으로 받아들인 일출의 여운이 가시지 않은 듯 잔잔한 물살에도 몸을 뒤척였다. 모처럼의 가족 여행길에 만난 그는 각자가 처한 위기를 상기시켰다. 그의 등장은 두고 온 사회의 네트워크를 잊지 말라는 무언의 압력이자, 미로처럼 얽힌 난해한 거미줄에서 길을 잃지 말라는 암시였다.

남자의 퍼포먼스는 성공적이었을까. '위기의 남자'에 사로잡힌 후 마음은 다시 그에게로 향했다. 설치 작가의 파격적인 상상력이 묻어나는 작품들이 즐비했으나 몰입하지 못했다.

남편과 아들도 그가 던진 화두에 사로잡힌 것이 분명했다. 조금 전까지 바닷가의 아침을 식상한 어휘로 예찬하지 않았던가. 도심에서 출근으로 하루를 시작할 시간에 그곳에 있다는 것만으로 여유롭다며 그 아침을 즐겼다. 언제부턴가 말수가 줄고 느긋하던 표정도 스멀스멀 자취를 감추었다.

정동진에서 안인으로 이어지는 바다도 배 한 척 띄우지 않고 우리와 함께 걸었다. 경쟁사회의 속성에 저당잡힌 사람들에게 멈춤은 용납되지 않는다. 위기에 처했을 때 그에 대한 효과적인 적응기술은 언제부턴가 현대인의 필수덕목이 되었다.

'위기의 남자'는 한때 무성했던 꿈을 접고 현실을 향해 매진해야 하는 위기에 놓인 부자父子의 대변자였다. 부자는 자신이 처한 상황을 점검하려는 듯 발걸음이 더뎠다. 남편은 자신과는 무관한 상황이라는 듯 간헐적인 헛기침을 했다. 심사가 불편할 때 보이는 습관이었다.

서른 중반에 진입한 아들의 뒷모습을 보았다. 속내를 들킨 것일까. 앞서 걷던 그가 말했다.

"엄마, 저 남자가 위태로워 보여요."

나는 얼마나 옹졸한가

–민원 천국

스카프를 벗고 좌석 아래에서 올라오는 히터에 다리를 모았다. 그 상황에서 누릴 수 있는 작은 행복감이 밀려왔다. 대부분의 승객들은 눈을 감고 나른한 차내에 몸을 맡겼다.

어디선가 찬바람이 불어왔다. 온풍기의 오작동이려니 생각했다. 절기상으로 봄을 맞았으나 춘래불사춘春來不似春의 마음은 아직 봄을 불러오지 못한 터라 갑작스런 냉기가 거슬렸다. 근래 기상이변과 유난한 일교차로 출근 시에는 난방을, 퇴근 시에는 에어컨을 트는 일도 빈번했다.

그때 갑자기 안내 방송이 퍼졌다.

“승객 여러분께 안내 말씀 드립니다. 차내가 덥다는 민원이 접수되어 에어컨을 가동하는 중이니 참고하시기 바랍니다.”

꽃샘추위로 많은 옷을 껴입었을 어느 승객은 차내 온도가 덥게 느껴졌을까. 그렇다면 자신의 겉옷을 벗는 것이 상식 아닐까.

체온을 조절하는 일은 스스로 해결해야 할 생활 습관이 아니던가. 휴대폰으로 전동차 기관실에 민원을 보내 온도를 낮추도록 했다. 내 몸의 온도도 민원으로 해결하는 이곳은, 민원 천국!

—임산부 배려석

공항철도의 임산부 배려석은 특이하다. 가장자리의 배려석에는 헝겊 인형이 매달려 있다. 임산부가 그 자리에 앉는다면 인형을 무릎에 놓거나 안으면 될 일이다. 평면적으로 표시된 안내판보다 홍보 효과가 높을 것이다. 인형을 옆으로 젖히거나 태연하게 그것을 안고 임산부 배려석을 차지할 용기가 누구에게나 있는 것은 아니리라.

인형과 등받이에 부착된 “내일의 주인공을 맞이하는 자리입니다.”라는 안내만으로는 부족했을까. 차내 바닥은 “이 자리는 임산부를 위한 자리입니다."라는 빨간 고딕체 글씨가 선명했다. 열차가 홍대입구역을 지날 때였다.

"승객 여러분께 안내 말씀 드립니다. 본 전동차에는 임산부와 노약자 등 교통 약자를 위한 임산부 배려석이 설치되어 있습니다. 겉으로 표시나지 않는 초기 임산부가 이용할 수 있도록 자리를 비워주시기 바랍니다."

나도 모르게 대각선 방향의 임산부 배려석을 바라보았다. 그곳엔 검고 투박한 운동화가 차지하고 있었다.

혈중에 알코올 성분을 잉태한 남성은 다리를 벌린 채 숙면 중이었다. 졸지에 취객 배려석이 되었다. 그의 부적절한 처사는 안내방송으로 차내에 중개된 셈이다. 그의 임산부 배려석 무단 점거는 쉽사리 끝날 것 같지 않았다.

코골이의 리듬이 안정세를 타기 시작했다.

—대화의 상식

두 여인이 승차했다. 공교롭게도 초로의 남성을 사이에 두고 앉았다. 여인들은 그 정도 일이야 신경 쓸 일 아니라는 듯 얼굴을 마주보며 대화를 이어갔다.

여인 A: 노래교실 끝나면 지난번 갔던 '스시웨이'랑 지하철역 앞 '어왕스시' 중 어디가 좋은지 언니랑 정해서 알려줘요.

여인 B: '스시웨이'도 좋았는데 언니가 이번엔 '어왕스시'로 가자네.

여인 A: 아 참! 나는 그날 중국 여행이 겹쳐 못 나가겠네. 나 빼고 식사하세요. 그리고 제주여행 때 한라산을 갈 것인지 말 것인지도 알려줘요.

여인 B: 그렇다면 날짜 바꾸더라도 같이 먹자. 언니랑 의논해 볼 게. 이제 함께 먹고 노는 거 말고 뭐 할 일 있냐?

먹고 놀기만이 할 일이라는 그녀들에게 상대를 배려할 여유는 없는 모양이었다. 그녀들이 대화 도중 눈을 맞추기 위해 상대방을 바라보면 남자는 상반신을 뒤로 젖혔다. 가운데 앉은 남자가 민망해하는 기색이 역력했다. 그가 자리를 바꾸어 주면 간단한 일이었으나 거기까진 생각이 미치지 못했음이 분명했다.

아니면 쉴 새 없이 이어지는 대화로 인해 자리를 바꾸겠다는 말을 할 기회를 잡지 못했을까. 남자를 중간에 두고 대화는 심화단계로 접어들었다.

여행 갈 예정이라 자신을 빼고 먹으라는 말을 반복하는 A여인의 마음은 자신을 빼놓지 말라는 압력으로 들렸다. 이어서 게장백반집은 ○○○이 제일이라는 정보도 곁들였다. 맛집 후일담과 여행 코스를 결정하기 위한 두 여인의 대화는 진지했다.

난감한 상황을 견디는 남자로 인해 대화에 어려움은 없어 보였다. 불편한 것은 반대편에서 세 사람을 바라보는 내 쪽이었다.

—광장에서

개찰구를 벗어나 계양역 광장으로 나왔다. 광장은 트로트에 점령당했다. 누구에게랄 것도 없이 내 나이가 어떠냐고 따지더니 술잔을 부딪치자는 권유로 이어졌다. 대낮인데도 "찬찬찬"을 되풀이하던 노래는 공해였다. 방향 감각을 잃을 정도의 현란한 소음에 그곳을 벗어나고 싶었다.

소음의 출처는 노점이었다. 좌판에 귤이 소복히 담긴 빨간 플라스틱 바구니가 몇 개 놓여있었다. 바구니마다 서툰 글씨체로 골판지에 적힌 '삼천 원'이라는 이름표가 달려 있었다. 행인들의 시선과 발길을 트로트 가요로 붙잡아 귤을 사게 하려는 의도였을까.

순간 노래가 멈추었다. 조용해진 광장은 덤덤한 표정으로 새로운 인파를 맞았다. 다음 전철이 들어온 모양이었다.

신고를 받고 달려온 경찰이 확성기로 음악을 틀어놓은 상인에게 신분증을 요구했다. 그는 신분증을 보여주기는커녕 버스를 기다리던 사람들을 위아래로 훑어보며 별안간 호통을 쳤다.

"누군지 나오기만 해, 얼른!"
"끝까지 찾아내서 가만 안 둘 거야, 내가!"
"파출소에 민원 넣은 놈 나와. 먹고 살아야지, 나도!"

그가 광장에 부려놓은 노래보다 큰 소리였다. 사람들은 도치법에 능한 그의 신선한 화법에 황당한 표정이었다. 확성기를 틀어놓은 것이 자신의 생계를 위해서라는 독특한 논리는 나 역시 납득할 수 없었다. 민원과는 무관한 이들조차 그의 불호령을 피할 방도가 없어 머쓱해졌다. 다행히 기다리던 버스가 왔다.

—쓰레기 차선

시내버스로 환승했다. 노점 상인의 무분별한 언어폭력에서 벗어난 홀가분함에 창밖을 바라보았다. 마음의 평화는 잠시였다.

"저런 쓰레기 같은 ××!"

나이 지긋한 버스 기사가 경적을 울리며 앞차를 향해 소리쳤다. 승용차 운전자의 안전 운행이 자신의 난폭 운전에 방해가 된다는 생각에서였다. 안전 운전자가 쓰레기로 전락한 것은 순간이었다. 버스 기사가 과속을 위해 차선을 변경할 때마다 쓰레기가 속출했다. 쓰레기급級 매너는 정작 자신이었다.

그는 반대 차선에서 달려오는 같은 노선 버스 기사에게는 언제 그랬냐는 듯 깍듯하게 경례를 했다. 인사를 나눈 기사의 버스가 사라지자마자 재빠르게 추월했다. 동시에 내뱉는 말은 또 쓰레기 타령이었다. 불과 십오 분 걸리는 지하철역에 도착할 때까지 쓰레기로 분류된 이는 너댓 명이었으니, 5분에 한 명씩 배출된 셈이다.

버스는 공교롭게도 쓰레기매립도로라 불리는 길과 인접한 차도를 달리는 중이었다. 수도권 주민들의 생활 쓰레기를 처분해주는 필수 시설인 매립지로 가는 길은 쓰레기도로로 불렸다. 물론 쓰레기로 만든 길이 아니다.

번듯한 이름도 있다. 드림로. 매립지 부지에 조성된 드림파크와 연결된 도로였다. 꿈같은 이름을 가진 도로였으나 매립지행이라는 이유로 마뜩잖은 이름으로 불렸다. 수도권의 도로망이 나날이 확대되는 터라 어느 길로 왔는지 물을 때면 흔히 쓰레기도로로 왔다거나 쓰레기도로가 빠르니 그 길로 가라는 말도 흔히 오간다. 쓰레기라는 어휘에 매립된 도로는 자연스레 쓰레기도로가 되어버렸다.

안전 속도를 지킨 운전자가 쓰레기일 리 없다. 드림로 역시 쓰레기로 만든 도로가 아니다. 쓰레기로 배출된 것들도 인간이 제 필요에 의해 쓰고 버린 것들일 뿐이다.

정상 운행을 하던 운전자를 쓰레기로 전락시킨 버스 기사는 자신은 쓰레기와 무관하다는 듯 속도를 냈다. 난폭 운전을 일삼은 이들을 위한 전용 차선을 별도로 운영하여 쓰레기 차선으로 구분해도 좋을 것 같다는 기발하고 폭력적인 발상이 떠올랐다. 빠르게 고개를 저었다.

—나는 얼마나 옹졸한가

퇴근 후 헬스장을 찾았다. 넓은 가죽 벨트를 두른 근육질의 남성이 실내를 느리게 걸었다. 이에 질세라 몸매가 드러나는 운동복 차림의 여성은 거울 앞에서 몸을 풀었다. 만족스러운 표정이었다. 운동보다는 자신의 몸매 과시에 관심이 있어 보였다. 새로 온 트레이너는 회원들에게 인사를 건넬지 말지 고민하는 어정쩡한 표정으로 돌아다녔다.

나는 언제나처럼 러닝머신에서 걸었다. 8시 뉴스 중이었다. 옆자리의 모니터는 여배우가 자신만의 레시피로 유명 셰프들과 함께 요리하는 중이었다. 마땅히 볼 만한 프로그램이 없었다. 뉴스는 자막이 실시간으로 나오기 때문에 걸으면서 보기에 그나마 제격이었다.

화면에서는 권력을 통해 이익을 취한 이들의 청문회 개최 여부가 거론되었다. 낙마할 위기에 놓인 당사자는 아내가 한 일이라 자신은 정말 몰랐다며 발뺌했다. 그들의 부당 이익은 이미 천문학적인 숫자로 불어난 생태였다. 이어서 부적절한 스캔들에 연루된 인사의 행적이 모자이크 처리된 불친절한 상태로 공개되었다. 채널을 돌리고 싶었다.

뉴스를 도배하는 거물급 혐의자들은 때마다 교묘히 법망을 피했다. 서로 얽힌 그들의 이익관계는 매번 사건을 유야무야 종료시키곤 했다. 불로소득을 제대로 환수하지 못한 사회 구조와 그런 모순을 알고 자신들의 이익 찾기에 충실했던 관료들의 허위의식을 대하는 일은 낯설지 않았다. 그런 일에 분노하는 일조차 식상한 지 오래다.

나는 부도덕한 지도층 인사들의 행태를 보며 더 이상 분노하지 않는다. 나의 의견을 궁금해하는 이도 없으니 입장 표명도 필요치 않다. 옹졸하기에 적절한 여건이다.

반면 소시민의 에피소드는 그냥 지나치지 못한다. 자신의 편의를 위해 상대방을 배려하지 않은 인간 군상들은 아무렇지 않게 나의 일상에 스며든다. 차내에서 자신이 덥다고 민원을 제기하는가 하면 임산부 배려석을 독차지한 취객이 못마땅하다. 타인을 사이에 두고 양쪽에서 자신들의 잡담을 나누는 여인들, 자신의 노점 영업을 위해 광장을 소음으로 채운 상인, 난폭 운전을 일삼는 운전자…. 상대방을 배려하지 않은 그들의 행태를 무심히 흘려보내지 못하고 불만을 주워담곤 한다.

김수영 시인의 〈어느 날 고궁을 나오면서〉라는 시가 떠오른다. 시의 무대가 된 1960년대는 부조리와 악이 공존하던 시대로 독재에 맞서 정면 투쟁하다 투옥되는 일이 다반사였다. 그는 언론과 문학의 자유를 억압하는 것에 대항하거나 투쟁에 나서지 않았다. 대신 현대 문명과 현실을 비판하며 한 발 비켜서서 권력에 맞서 싸우지 못한 처지를 자성自省했다. 스스로를 부끄러워했다.

시인은 갈비에 기름만 많이 들어있다고 설렁탕집 주인을 욕하거나, 20원을 받으러 세 번씩 찾아오는 야경꾼에게 분개했다. 이렇듯 부정과 불의에 대항하지 못하고 사소한 것에만 흥분하고 분개하는 자신의 모습을 보며 자기 모멸에 빠졌으리라. 주변의 힘없는 사람에게 화내는 자신의 '먼지보다 작음'을 소심하게 토로했다.

어디 김수영 시대만의 일이겠는가. 현재의 지식인들과 리더는 물론 많은 이들이 김수영의 옹졸함에서 벗어나 있지 못한다. 중대한 일 앞에서는 수수방관하며 본질을 비켜선 사소한 일에만 분개한다.

우리는 절대 선을 말하기 어려운 현대사회에 살고 있다. 촛불 혁명 이후 우리 사회가 진보한 것인지 확신할 수 없지만 새 시대를 갈망하던 박수 소리가 서서히 잦아들었다. 김수영 시인이 걸어나왔던 왕궁 속의 계략과 음모가 통하는 시대는 갔다. 왕궁으로 상징되는 거대한 담론과 직면한 수많은 문제들을 슬쩍 외면하며 곁다리에 분개했을 뿐이다.

> 모래야 나는 얼마큼 작으냐,
> 바람아 먼지야 풀아, 나는 얼마큼 작으냐
> 정말 얼마큼 작으냐.

물질과 허영을 추구하며 마음이 넉넉한 척했던 나야말로 얼마나 작고 옹졸한 존재인가. 참을 수 없을 만큼 가벼운 존재감을 느끼며 김수영의 시구를 삼켰다.

러닝머신의 속도를 높였다.

그들의 동료애

휴대폰 진동음이 나른한 오후를 단번에 날렸다. 셋째 언니였다.

“너도 생각나지? 혼도니 미도모나이, 그 뜻을 오늘에야 알았지 뭐냐.”

평소의 차분함 대신 들뜬 음성이었다. 공소시효가 지난 사건의 단서를 찾은 프로파일러를 방불케 했다.

사연은 50여 년 전으로 거슬러 올라갔다. 부모님 둘만의 대화 때 단골로 등장하던 일본어가 있었다.

“혼도니~ 미도모나이ホンドニミドモ年.”

두 사람만의 언어 체계는 자식들이 근접할 수 없는 그 무엇으로,

그쯤 되면 우리는 퇴각해야 할 시점이었다. 우리의 다양한 요구사항을 들은 후, 일본어 대화가 끝나면 적절한 조치가 내려졌다. "그래, 알았어." 또는 "낼 아침에 주마."가 대부분이었다.

우리의 요구는 학교 준비물이거나 용돈 청구였다. 교생 실습 나온 국어 선생님 이야기나 전학 온 친구에 대해서는 말하지 않았다. 용돈이라야 요즘에 비하면 초라한 액수였지만 초등학생부터 대학생까지 포진해 있던 5남매의 요구는 공무원인 아버지와 전업 주부인 어머니에겐 부담스러운 고지였으리라.

그 무렵 우리들은 부모에 대한 무한한 신뢰감으로 그 뜻을 파헤칠 필요성을 느끼지 못했다. 과거 지배국의 언어에 대한 막연한 비호감도 작용했으리라.

근래 일본어에 입문한 셋째 언니의 말인즉, '혼도니 미도모나이'는 '별 꼴 다 보겠네.' 즉 꼴불견인 경우에 쓰는 말이란다. 비교적 무난한 성장기를 보냈다고 자부했기에 억울했다. 우리는 모범생으로 통지표에는 "품행이 방정하여 타의 모범이 된다."라는 서술이 주종을 이루었다.

나로 말할 것 같으면 미술대학에 진학하겠다는 말을 꺼냈다가 그다지 써먹을 데가 없을 것이라는 아버지의 반대에 군말없이 전공을 바꾸기까지 했다. 셋째 언니는 퇴직 후 무료한 아버지에게 소소한 즐거움을 드리려는 기특한 의도로, 월급을 봉투째 드린 후 용돈을 받을 정도였다. 나름 제 몫을 해내왔기에 불시에 '혼도니 미도모나이'로 촌철살인당할 지경은 아니었다.

시시비비를 가리기엔 공소시효가 지났다. 다른 세상으로 거주를 옮긴 터라 사실 확인은 불가했다. 답답했다. 며칠 동안 마음이 무거웠다. 하늘 공원의 억새 숲을 걷는 중에도, 지하철 안에서도 '혼도니 미도모나이'는 나를 놓아주지 않았다. 집요했다.

돌이켜 보니 혐의가 없는 것은 아니다. 큰언니는 다된 밥에 코 빠트린 격으로 고등학교 졸업고사에 백지 동맹을 주도했다. 50여 년 전이었으니 당시 그녀의 단체 행동은 파격이었으리라. 그녀의 삶에서 유일한 투쟁 기록이었다. 부모의 입장에선 무사히 졸업시키기 위한 수습이 쉽진 않았으리라. 나는 고지서의 숫자 '1'을 '4'로 고친 적이 있다. 기억해내지 못한 어두운 에피소드는 얼마나 많을까.

'혼도니 미도모나이'야말로 당시 공문서를 위조한 내게 던진 부모님의 불편한 심사가 아니었을까. 바람 잘 날 없는 가지를 건사해야 할 부모 역할은 가볍지만은 않았으리라. '혼도니 미도모나이'는 그들만의 동료애를 공유할 정서적 돌파구였다. 용돈을 거절하거나 잘잘못을 헤아린다면 서먹해질 것이고, 묵인하거나 덮어두자니 왠지 허전하여 독설의 쾌감으로 대리만족했을 것이다. 애정 전선이 남달랐던 것도 아니었으나, 부부는 거친 바다를 항해하는 동지였다. 자식들의 민원에 대한 부담스러움을 토로하고 결속할 창구로써의 '혼도니 미도모나이'는 카타르시스로 기능한 것이 분명하다.

우리 집에는 대화로 카타르시스에 이를 만한 대상이 없다. 남편은 매기고 받는 추임새에 인색하다. 공유해도 좋은 화제 끝에 누군가의 허물을 이야기하면 화살은 나를 향한다.

"그 사람의 입장을 모르면서 한쪽 말만 듣고 말할 필요 있나."

그의 결론은 역지사지易地思之교教의 교주인 양 완벽하다. 같은 돌부리에 넘어진 처참함과 부메랑을 수습하면 상황 종료다. 뒷담화가 정서에 미치는 긍정적 영향을 모르는 남편과의 대화는 소실점 없는 평행선을 걷는 무료한 동행이다. 중년의 끝자리에 앉고 보니 가족이라는 배의 무사 항해라면 시시비비를 따질 일도 없이 적절한 의리와 멤버십으로 살아간다. 그러나 가끔은 남편과 동료의식을 주고받으며 나누고픈 말이 있다.

"혼도니 미도모나이."

눕기 예찬

요가 교실의 불이 꺼졌다. 강사의 멘트가 수면제인 양 몸으로 스며들었다. 잔잔한 음악이 교실을 덮자 수강생들은 모두 누웠다. 요가의 마지막 동작인 사바사나(savasana)다. 흔히 시체 자세라 불리는 이 동작은 의식은 깨어있는 상태에서 온몸의 근육을 풀어준다. 쉬워 보이나 제대로 하기는 어렵다. 심신의 모든 작용을 정지시켜 외부로 흐르는 에너지를 내부로 흡수시켜야 하기 때문이다. 잡념에 빠져서는 안 된다는 생각조차 잡념이지만 잡념은 금물이다. 종종 그런 나를 즐겨 방치한다.

주말에 보았던 다큐 프로그램이 떠오른다. 안나푸르나의 당나귀

몰이꾼 '수레스'가 주인공이었다. 그는 절벽에 가까운 경사에도 아랑곳하지 않고 걷기를 멈추지 않았다. 아슬아슬한 걷기를 계속하는 것은 사람뿐이 아니었다.

그가 부리는 당나귀도 긴장을 감추지 못하고 고갯짓으로 진저리를 쳤다. 당나귀 등에는 양쪽으로 두세 개씩의 짐이 매달려 있었다. 녀석이 발길을 옮길 때마다 흙먼지가 시야를 가렸다. 먼지가 걷히자 시야가 트였다. 힘겨운 듯 발걸음이 느려졌다. 당나귀의 뒷모습이 구도의 길에 나선 선승처럼 보였다. 가느다란 다리는 휘청거릴지언정 멈추지 않았다.

이윽고 쉼터에 이르렀다. 도착하자마자 몰이꾼이 짐을 부렸다. 당나귀는 그 자리에 벌렁 드러누웠다. 녀석이 등을 비비며 몸을 눕히자 다시 흙먼지가 자욱했다. 등을 살짝 비틀어 대지에 어리광부리듯 몸을 비볐다. 땀과 먼지로 범벅되어 가려운 등을 긁기 위해서였다.

휴식에 잠긴 녀석이 행복해 보였다. 비로소 몸을 뉘였다는 안도감이리라. '수레스' 역시 당나귀가 흙에 뒹구는 그 순간이 가장 기쁘다고 했다. 반려의 대상인 녀석에게 자신이 해줄 수 있는 가장 큰 선물이란다.

인간들은 자신의 꿈과 합당한 명분을 위해 산에 오른다. 당나귀와 몰이꾼은 오직 생존을 위해서 산을 오른다. 80kg을 웃도는 등짐의 무게를 버텨야 한다. 네팔의 청년들도 점차 힘든 일을 꺼린다. 시대 변화에서 예외는 없는 모양이다. 자신이 너끈히 질 만한 짐도 당나귀에게 싣는다. 당나귀의 일감은 더욱 많아졌다.

언제부터인지 분주한 자가 잘살고 있는 듯한 착각에 사로잡혔다. 그래서인지 내남없이 바쁨을 내세웠다. 단순한 일도 복잡함으로 과대포장하면 유능한 사람이 되었다. 대부분의 사람들은 여가에도 무언가를 배우려 하거나 출근 전이나 퇴근 후까지 자기계발로 심신을 혹사한다.

일뿐이랴. 노는 일에도 최선을 다하려는 강박증에 시달린다. 휴일도 예외는 아니어서 문화생활과 취미 활동으로 분주하다. 그런 모습을 모범적인 삶인 양 여기며 SNS에 공개한다.

자본주의 사회에서 수평 자세는 게으름의 상징이다. 관조할 기회를 상실한 현대인은 저마다 덩달아 바빠졌다. 아무 일 없이 눕는 것은 게으름의 상징인 듯하여, 눕기를 좋아한다는 사실을 내세울 일은 아니다.

내겐 오랜 여가 생활이 있다. 몇 안 되는 일상의 즐거움 중 하나인 눕기다. 다소곳하게 옆으로 몸을 뉘는 그런 자세가 아닌 전신의 후면을 온전히 바닥에 누이는 자세다. 체표 면적이 지면에 닿는 비율이 높을수록 안도한다. 내가 몸을 누인 곳은 시멘트와 장판으로 마감한 거실이나 약간 폭신한 매트 위지만 대지의 기운을 빨아들이고 있는 착각에 빠진다.

눕기는 무형의 등짐을 부려놓고 재충전하기에 그만인 자세다. 어지간한 영화 보기나 작품 전시회 관람에 버금가는 즐거움을 안겨주는 레크리에이션이다. 내가 눕기 애호가인 것을 보면 직립直立형 인간으로 진화가 더딘 것인지 모른다.

일상의 분주함을 버티는 힘은 충분한 휴식 때문이 아닐까. 누구도 눕지 않고는, 빈둥대지 않고는 살 수 없다. 이 정도면 누울 만한 명분을 얻은 셈이다. 눕기는 단순한 눕기만은 아니다.

짧은 휴식을 끝내고 짐을 실은 당나귀는 다시 길을 떠났다. 내리막을 향하는 당나귀의 뒷모습에 무한한 신뢰를 보냈다.

'사바사나' 자세가 끝났다. 몸을 옆으로 돌려 매트에 앉으라는 강사의 구령을 놓쳤다. 수강생들이 합장한 채 '나마스테'를 복창하는 순간 비로소 아득한 휴식에서 깨어났다.

숯가마 사회

어르신들이 즐겨 출입할 것 같았던 숯가마 찜질방에 맛들인 것은 최근의 일이다. 휴일 나들이로 강화도에 갔다가 한적한 도로변에서 '○○참숯마을 500m'라는 안내판을 보았다. 순간 참숯의 효능에 대해 강조하던 건강 프로그램이 떠올랐다. 참숯의 연소 과정에서 발생하는 원적외선과 음이온은 세포 재생과 독소 분해에 뛰어나다던가. 많은 일이 그러하듯 예정에 없던 좌회전으로 숯가마와의 인연은 시작되었다.

숯가마에 입문하던 그날 이후 남편은 참숯의 효능을 과신했으나 나는 마지못해 따라나서는 수준이었다. 일정 없는 주말을 혼자 보내

느니 초지대교를 건너 덕진진의 갯벌을 바라보거나 동검도의 찻집에서 망연히 앉아 지내는 일이 싫지 않았다. 오고 가는 길에 장어며 손두부 등 맛집 순례에 밑줄을 그었으니 염불보다는 잿밥이었다.

평소 나는 한여름에도 땀을 흘리지 않았다. 무한증을 의심할 정도였기에 찜질방에서 땀에 흥건히 젖어있는 이들을 이해하지 못했다. 품위있고 알차게 여가를 보낼 만한 일도 많은데 작정하고 땀 흘리는 일에 시간을 축내는 일이 내키지 않았다. 찜질방 이용자들이 여러 방을 느리게 순례할 때면 수긍할 수 없는 교리에 충만한 사이비교에 현혹된 신자들로 보였다.

그 동네의 흐름을 파악해보니 숯가마 찜질방에도 나름의 질서가 있었다. 열성 신도들은 옷부터 달랐다. 매표소에서 받은 주황색 단체복이 아닌 별도의 흰 옷을 입었다. 그들은 자신들의 흰 옷은 가장 뜨겁다는 '꽃탕'에서도 따가움이 느껴지지 않은 순면 재질이라며 은근히 과시했다. 머릿수건이며 양말, 얇은 솜까지 모두 흰색으로 통일하여 걸어다니는 미라 형상이었다.

그들은 자청하여 VIP 멤버십 비슷한 혜택을 누렸을 뿐만 아니라 암묵적인 질서 유지를 담당했다. 학생주임도 없는 선도부 활동에 나선 격이었다. 보이지 않는 완장과 무언의 결속력을 가진 흰옷들은 숯불 앞자리를 장시간 독차지해서는 안 되며, 휴대폰 사용 금지를 은연 중 강조했다. '꽃탕' 출입 시엔 나무 슬리퍼로 바꾸어 신을 것과 의자를 두 개 이상 포개 앉으면 안 된다는 등의 사소한 내규를 상기시켰다. 삼겹살 구이용 숯을 꺼내기 위해 외국인 근로자가 긴 불삽을 들고 나타날 때면 자리를 내주었으며 초보 출입자가 영문을 모른 채 앉아있으면 상황 설명에 솔선수범했다. 주인 내외가 자리를 비울 때면 매점에서 식혜며 냉커피, 얼음 등을 대신 판매했다. 사소해보이는 규칙이지만 지켜지지 않으면 흰옷 중 누군가가 자연스럽게 코칭했다. 얼마 전에는 멤버 중 한 명의 생일파티를 그곳에서 벌였다. 그들이 흰색 옷차림으로 생일축하 노래를 부르던 장면은 신선한 볼거리였다. 파티 후에는 미역국 정식으로 점심을 하자며 자리를 떴다.

숯가마 사회의 주류는 그들만이 아니었다. 권사도 집사도 아니지만 자신만의 스토리텔링으로 참숯의 효능을 간증하는 이들도 많다. 참나무는 다른 나무에 비해 트럭 당 백만 원 이상의 원가 차이가 난다는 사실도 그들을 통해 알게 되었다. 단골 강사 중에는 심한 관절염이 호전되는 사십 대 여성도 있는가 하면, 대상포진을 치료 중인 사람도 있었다. 대장간을 운영한다는 칠십 대 어르신은 고된 일에도 버티는 비결이 참숯과 황토의 효용이 극대화된 숯가마 때문임을 의심치 않았다. 노동으로 흘린 땀과 숯가마에서의 땀은 확연히 다르다며, 주말의 숯가마는 일주일의 노동을 위한 충전임을 강조했다.

그곳이 생계형 쉼터인 사람들도 있다. 지리산 ○○ 농협에서 나왔다는 남자는 천마나 삼채가 주성분인 건강식품을 삼 년 넘게 판매 중이다. 편백나무 베개를 무료로 준다며 가까이 다가와 낮은 음색으로 호객하면 한번쯤은 귀 기울기게 된다. 손가락에 반창고를 붙인 채 실면도와 경락을 해주고 쏠쏠한 재미를 보는 여인도 있다. 그녀를 볼 때마다 "오늘도 아줌마가 얼마 벌었는지 다~ 안다."며 우스개 소리를 건네는 아저씨도 있다. 실속형은 그들뿐 아니다. 소심한 옷 장사 아줌마는 큰 가방에 담긴 옷가지를 살짝 보여주며 이삼만 원씩에 판다. 드러내기엔 주인의 눈치가 보이는 모양이다.

그곳에서 모든 것은 '생각대로, 바라는 대로'다. 사연은 각각이지만 치료 효과를 경험한 이들이 모인 치유의 장이다. 누구랄 것도 없이 수시로 펼치는 야단법석에 귀 기울이면 쓸모가 모호한 잡학이지만 생활인의 철학이 깃든 숯가마만의 인문학과 건강 상식을 귀동냥하게 된다. 타인의 삶의 에피소드가 내게 유효할 리 없지만 가족 갈등이나 시댁과의 관계 형성에 대한 사례 발표는 하나같이 진지하다.

일상의 컨베이어벨트에서 잠시 이탈하여 나와 내 몸에만 집중할 수 있는 여유는 부가서비스다. 최근 별관에 개업한 카페는 또 다른 순례코스로 이만한 정신 건강 놀이터도 흔치 않다. 긴가민가하며 몇 차례 다니다보니 얼떨결에 참숯교敎의 예비신도로 계급이 격상되었다.

가마에서는 사람들이 무슨 일을 하건 개의치 않고 참나무와 불의 협동작인 참숯이 구워진다. 일주일 간 연소되어 제3의 물질로 환생하는 숯가마에는 세상의 모든 붉은 빛이 담겨있다. 매순간 다른 모습으로 타오르는 불의 결집체인 가마는 가히 불의 '만다라'다. 모방할 수 없는 다양한 구도로 시시각각 타오르는 불의 행위예술에 시선을 고정시킨다. 몸이 녹아내릴 듯한 불의 향연의 황홀함에 빠져든다. 내가 숯인지 숯이 나인지 모를 일체감에 빠져든다. "타다닥" 외마디소리를 토하며 스러지는 순간에도 끝내 붉다. 그들이 마지막 모습이 검은색이라는 사실을 떠올리기는 쉽지 않다.

토요일 아침 이른 시간이다. 윤기 흐르는 털을 가진 숯가마의 마스코트 검둥이가 홀로 숯불을 쪼이고 있다. 찜질하는 강아지로 매스컴을 탄 녀석이다. 내가 다가가니 슬며시 양보하고 자리를 뜬다. 개도 양보심을 발휘하는 숯가마 사회, 오늘도 휴일 한나절을 이곳에 바친다. 나도 조만간 흰 옷 한 벌 장만할 것 같다.

개화기는 짧았다

몸속 수분량까지도 줄어들 것만 같은 폭염이 계속되었다. 조선시대였다면 기우제를 몇 번 올렸으리라.

버스를 기다리는 사람들의 물기 없는 표정에 정류장도 지쳐보였다. 정류장 유리벽 뒤 인도에는 강남행 9100번 버스를 기다리는 승객들이 일렬로 서 있었다. 서로의 영역을 존중한다는 듯 한 발 정도의 간격을 유지했다. 인도와 방음벽 사이 비탈진 언덕은 화단이었다. 무표정한 방음벽에 표정을 안겨준 화단에는 아이 손바닥만한 잎을 매단 옥잠화가 군락을 이루었다. 나날이 푸른색이 짙어져야 할 시기였으나 물 한 모금 적시지 못한 어린 잎들이 맨몸으로 한낮을 견디고 있었다. 무던한 인내로 버티는 것인지 성장을 멈추었는지 알 수 없었다.

정류장 의자에는 꽃무늬 몸빼 바지에 꽃무늬 블라우스를 입은 할머니가 앉아 있었다. 할머니는 곱게 화장하고 원색의 모자를 교대로 썼으며 팔찌도 세 개씩 겹쳐 착용하는 멋쟁이였다. 그 모습으로 날마다 같은 자리에 앉아 있는 할머니와 언제부턴가 엉겁결에 눈인사를 나누게 되었다. 일 년 남짓 정류장에서 만났으나 버스 타는 모습을 본 적이 없어 어느 날 몇 번 버스를 기다리는지 여쭈었다.

"나는 버스 안 타. 바로 옆 노인복지관에서 일하는디, 아침마다 30분씩 여그서 사람 귀경, 세상 귀경하는 거여. 그라믄 아침 나절이 후딱 지나가불제. 복지관에는 8시 50까지 가믄 되야. 나는 말이여 복지관에서 할아버지들이 먼저 간다고 인사하믄, 설거지를 하다가도 손을 들고 굿빠이! 라고 말혀. 그라믄 사람들이 막 웃어. 안녕히 가라는 말보다 더 재밌잖여. 그래야 한 번이라도 더 웃지."

그녀에겐 정류장에서 30분 머무는 일이, 일관성 있는 하루의 패턴이자 건조한 일상의 강을 건너는 노하우였다. 버스는 도착시간이 들쑥날쑥했으나 그녀가 정류장에 머무는 시간은 칸트의 그것에 버금갈 정도로 정확했다. 그 말을 들은 후부터 나는 지하철역에서 올라와 정류장에 그녀의 몸빼 바지가 보이면 안도했다.

가끔 내가 기다리는 버스가 늦어질 때면 묻지도 않은 이야기를 들려주었다. 외동딸이 송림동에 살다가 강원도 홍천으로 버섯 키우러 들어갔는데, 제 아비 제삿날 아니면 만나기도 어렵단다. 묻지 않은 말을 할 때는 화사한 화장이 가릴 수 없는 쓸쓸함이 스쳤다.

가뭄이 길어지자 옥잠화 보기가 민망했다. 개화기가 다가왔으나 꽃은커녕 이파리가 마지못해 서 있는 듯했기 때문이다.

그들의 기다림에도 끝은 있었다. 주말이 되어 단비가 내렸다. 모니터 안의 기상 캐스터는 들뜬 음성이었다. 자신이 비를 불러오는데 일조한 듯 생색내는 것처럼 들렸다. 그로 인해 많은 것들이 일사천리로 해결되었으면 좋겠다는 덕담까지 곁들였다. 며칠 전 여행 중 보았던 바닥이 드러난 저수지에도 물이 들었을까. 잔디밭으로 변했던 낚시터에서도 입질이 시작되었겠지. 걱정거리 몇 개가 풀린 듯 편한 마음으로 휴일을 보냈다.

월요일, 비 개인 아침은 상쾌했다. 이전과는 다른 공기가 정류장 주변을 휘감았다. 발걸음을 멈추었다. 옥잠화 무리가 지난 주보다 두 배나 큰 잎을 보란 듯이 쳐들고 있었다. 이파리의 골도 한층 깊어졌다. 그새 가느다란 꽃대로 올라왔다. 나는 빗줄기를 바라보며 휴일의 나른함을 즐겼으나 옥잠화는 생장점을 무한 가동한 역동의 시간을 보낸 것이리라.

그 후 여름의 연례행사인 양 태풍이 몰려왔다. 강풍에 간판이 떨어진 곳도 있었다. 한바탕 물난리에 거목이 뿌리째 뽑혔다는 뉴스가 요란했다. 잘못 건드리면 "톡!" 부러질것만 같았던 옥잠화의 물오른 줄기는 손상되지 않고 여름 내내 꽃대를 올렸다. 여리게 보였으나 녀석들이 안간힘을 다해 견딘 것은 가뭄뿐이 아니었다. 강풍과 폭우에도 제 몸을 건사한 것이다.

여인의 흰 손 같은 꽃이 만개했다. 길다란 손가락을 구부려 행인들에게 여유를 보였다. 비로소 제 몫을 해냈다는 안도감인 듯했다. 잎은 식물 본연의 소명을 다하기 위한 성실함으로 나날이 진한 초록으로 물들어 갔다.

그러구러 가을이 왔다. 계절이 바뀐다는 소문은 분분했으나 더위는 쉽사리 물러가지 않았다. 일교차가 두드러지고 스카프를 찾았던 아침, 옥잠화 흰 꽃의 끄트머리가 누렇게 변색되었다. 온몸으로 가을을 맞고 있었다. 어느덧 낙화를 준비하고 있었다. 안타까운 마음에 살짝 만져보니 바스락거렸다. 가느다란 실처럼 갈라지며 가을바람에 흩날렸다.

그들은 폭염 속에서 땅속에 박힌 뿌리를 격려하며 파이팅을 외쳤을 것이다. 긴 가뭄을 간신히 버티며 꽃 피울 준비에 안간힘을 기울이다가 폭우가 내리자 비로소 꽃대를 올리고 화단에서 숲을 이루었다. 한 계절 누리자고 그토록 온 힘을 기울였던가. 속절없이 서리가 내리면 화려했던 꽃의 시절을 지우고 흙으로 침잠하리라. 온몸을 던져 계절을 보내며 그렇게 또 한살이를 견뎌내리라.

할머니는 옥잠화의 한살이에 비할 수 없는 긴 세월의 부침을 겪었으리라. 복지관 프로그램을 즐기면서 여가를 보내야 할 나이에 주방 일을 하는 할머니에게 정류장에서 무료함을 달래는 일 말고 비 갠 아침의 상큼함을 느낄 수 있는 신바람 나는 일이 없을까. 개화기는 화려했을 할머니의 일상에 며칠 단비라도 내렸으면 싶었다.

꽃잎이 시들어가는 옥잠화 화단을 안타깝게 바라보았다. 계절은 쉽게 오고 가지 않았다. 그들이 온몸으로 견디고 맞이한 계절이었으나 나는 환절기의 낯선 익숙함에 잠시 설레었을 뿐이다. 자신의 개체를 증식하며 보존하는 식물의 경이로운 몸짓에 잠시 경건해졌다. 내년에도 반복될 생명 순환의 DNA는 전달받은 정보대로 새순을 틔울 것이다.

개화기는 짧았다. 특별히 한 일 없이 다가온 계절에 무임승차한 나는 쇠락해가는 옥잠화를 망연히 바라보았다. 보름 남짓 꽃무늬 옷을 즐겨입던 할머니가 정류장에서 보이지 않는다.

어떤 예습

종로 3가역에서 낙원상가로 향했다. 밤새 주둔한 는개는 날이 새도록 도심을 배회했다. 아침부터 내린 진눈깨비로 도로는 질퍽했다. 극장의 위치를 찾지 못해 두리번거리다가 마중나온 친구를 따라 4층으로 갔다. 어르신들만의 문화 공간인 헐리우드 극장이었다.

로비에 들어섰다. 두툼한 패딩 코트를 입은 할머니가 입장권을 발매했다. 어리둥절해 하는 우리 일행이 관람 초보임을 알아채고 '55세 이상 2,000원'이 적힌 표지판을 가르쳤다.

영화는 〈야간문, Gates of the night〉, 좌석은 '다열 37'이었다. 주변을 둘러보니 어르신들이 대부분이었다. 궂은 날씨인데도 그토록 많은 이들이 이른 아침부터 모였다는 사실이 새로웠다.

불이 꺼지자, 앞자리에 보름달 수십 개가 떠올랐다. 남자 어르신들의 뒷모습은 스크린을 하늘 삼아 바라보는 달밤을 연상케 했다. 그들은 신산한 삶의 파도를 넘을 때마다 어려움을 헤쳐나갈 지혜와 머리숱을 바꾼 것이 분명했다. 그렇지 않고서야 한 공간에 수십 개의 달이 동시에 뜰 리 없었다.

〈야간문〉은 70년 전에 개봉한 프랑스 영화였다. 주인공인 '이브 몽땅'이 2차대전 후 죽은 줄 알았던 레지스탕스 동료를 재회하는 장면에서 시작되었다. 그곳에서 운명적인 여인을 만났으나 그녀의 동생은 동료를 게슈타포에게 밀고한 배신자였다. 해방의 기쁨을 만끽해야 할 역사적 순간에 살기 위해 동료를 팔아야 했던 죄책감과 전후 파리의 비극적 상황이 담긴 영화였다. 어르신들 청년기의 톱스타였을 '이브 몽땅'이 부른 〈고엽, Autumn leaves〉이 배경음악으로 흘렀다.

서사와 배경, 샹송 음악이 절묘한 조화를 이루었음에도 영화는 지루했다. 그동안 헐리우드 블랙버스터와 오락 영화에 길들여진 탓이었다. 화학 조미료가 들어있지 않는 음식이거나 덜 익은 동치미 국물 맛처럼 슴슴한 영화에 쉽사리 고무되지 않았다. 우리네 일상도 흑백영화처럼 담백하고 데면데면한 그 무엇일진대 지나친 기대를 했기 때문일까.

어르신들은 마른 기침을 하거나 가방에서 비닐봉지를 들추며 여기저기서 부시럭댔다. 자리에서 일어나 어두운 실내를 더듬어 통로의 의자 등받이를 붙잡고 출구로 향하는 이도 있었다. 영화 감상보다는 시간을 보내기 위한 관람이었다.

영화가 끝났다. 타임머신에서 내려온 느낌이었다. 객석이 환해지자 미성년의 출입이 불가한 장소에서 학생부 교사에게 들킨 듯 민망했다. 우린 어색한 웃음을 주고받으며 관객의 평균 나이를 낮추는데 기여했다며 누구에게랄 것도 없는 생색을 냈다.

이왕 점심도 부근에서 해결하자며 순댓국집에 앉았다. 메뉴판은 '국밥, 순대국밥, 해장국, 4,000원'이 전부였다. 스산해진 몸과 마음을 순댓국으로 달랬다.

늦겠다던 친구에게 그제야 연락이 왔다. 도착 직전이라 하여 식당에서 합류하기로 했다. 어느새 우리들의 말을 엿들은 국밥집 주인은 단호하게 잘라 말했다.

"식사 후에는 즉시 자리를 비워주셔야 합니다."

그도 그럴 것이 이곳은 어르신들이 주고객인 비좁은 식당인지라, 느긋하게 이야기를 나눌 장소는 아니었다.

자리를 옮겨 한적한 커피숍에서 합류했다. 말로만 듣던 실버극장을 다녀온 감회를 나누었다. 십오 년 후쯤이면 그곳이 자연스러울 나이였기에 그날의 예습은 특별한 일도 이색 체험도 아니었다. 굳이 생로병사生老病死의 주기를 들추지 않아도, 머잖아 그 나이가 되리라는 것은 피할 수 없는 내 인생의 스포일러였다.

아이들에겐 맞춤한 놀이공간이 넘친다. 미세먼지며 황사에서 자녀를 보호하려는 부모들이 아이들을 보내는 실내놀이터도 많다. 그 이름만으로 부족했던지 '키즈 카페'나 '키즈 앤 킹덤' 등의 환상적인 이름을 내걸었다. 녀석들은 부모님들이 차에 태워 귀빈인 양 모셔진다. 비싼 입장료에 다양한 부대시설을 즐긴다.

실버극장은 노인들의 실내놀이터였다. 다른 점이 있다면 어르신들은 스스로 찾아간다는 점이다. 노부모의 일상을 궁금해 하는 자식은 많지 않다. 녹록지 않는 밥벌이로 제 코가 석 자인 자식들은 부모의 여가를 챙길 여유가 없다. 어르신들은 종로에 모여 영화를 보고 국밥을 먹으며 그렇게 또 하루를 소진한다.

일행과 헤어져 인사동으로 발길을 돌렸다. 경인미술관에서 전시 중인 L 시인의 개인전을 보기 위해서였다. 전시작은 꽃을 소재로 한 유화가 대부분이었다. 먼저 시선을 붙든 그림은 정염을 주체하지 못한 채 사각 액자에 담긴 붉은 백일홍이었다. 꽃은 찬란했다. 문학과 삶에 치열한 열정으로 청년기를 보냈던 L 시인의 젊은 날이 담겨

있었다.

백일홍에 취해 있던 내게, 옆에 걸린 액자에 담긴 불두화佛頭花가 '화무십일홍花無十日紅'이라며 의미심장한 미소를 보냈다. 무리지어 모여든 둥근 꽃이 부처님 머리 모양을 닮아 불두화라던가. 서너 걸음 앞에서 보다가 다시 제자리에서 감상했다. 붉고 노란 꽃보다 눈부신 의미로 다가온 흰 꽃에서 처연한 화사함이 번졌다.

불두화에서 시선을 떼지 못하는 내게 L 시인이 다가와, 꽃말이 '제행무상諸行無常'이라고 일러주었다. 조그만 꽃잎들이 나의 망막에 수렴되어 한 송이로 보였다.

개별적인 만물은 변화를 맞는다. 숨탄 것들 중 변하지 않은 것이 세상에 있을까. 이른 아침부터 많은 생각이 교차하던 날에 만난 불두화는 그날의 화두를 소리 없이 일깨워주었다.

진눈깨비는 어느덧 눈으로 변해 바람결에 흩날렸다. 가로등에 비친 눈발은 바람이 불자 사선으로 내렸다. 그것들은 바람에 흩어지는 불두화 꽃잎처럼 망연히 나풀거렸다. 낙화를 밟지 않으려는 듯 눈송이 분분한 인도를 유심히 바라보며 걸었다.

나는 스스로 감당하지 못할 것들을 덜어내며 종로3가역을 향해 눈발처럼 가벼이 걸었다.

후불제 인생

―충전식 교통카드

"59회나 남았군요."

개찰구에 '-59' 라는 숫자가 찍혔다. 숫자만 보였으나 충전식 교통카드를 접한 단말기가 그렇게 말했다. 낯설었다. 어제 퇴근길에 1개월용 교통카드를 처음 구입했다는 사실을 깜박했다. 며칠 전부터 지하철 역사 창문에 '인천지하철 정기권 판매' 라는 안내문이 손짓했다. 평소 신상품에 대한 예의가 각별했던 터라 그냥 지나치지 못했다. 유리문을 밀고 문의하니 30일 동안 지하철을 60회까지 이용할 수 있는 정기권을 5만 원에 판매한단다.

직원은 내가 주로 이용하는 역 이름을 물었다. 계산기까지 두드려 보더니 정액권이 훨씬 저렴하다고 했다. 그처럼 치밀한 계산은 아무나 하는 것이 아니다. 나를 위한 제도인가 싶어 덥석 구입했다. 초기 구입 비용인 2,500원도 개의치 않았다. 역무원은 한 달 동안 사용할 수 있으며 잔액이나 사용금액이 아닌, 남은 횟수만 표시된다고 거듭 강조했다.

"48회 남은 거 알죠?"

일주일쯤 지나자 아침부터 정색하며 달려들었다. 녀석은 점차 당돌해져서 개찰할 때마다 내게 조급증을 덤으로 안겼다. 그렇다고 숫자가 줄어드는 것이 싫은 것만은 아니었다. 잔여 횟수가 완전히 소진된다면 음식을 남기지 않고 그릇을 비운 것처럼 개운할 것이다. 대중교통 요금을 절약했다는 소소한 기쁨도 함께하겠지. 녀석으로 인해 무덤덤한 일상이 쫄깃해진 기분이었다.

"아직 35회나 탈 수 있어요."

이 달도 중순을 넘겼는데 아직도 35회가 남았다니…. 조금 지루했다. 요가 시간에 근력을 기르기 위한 플랭크 자세는 최소한 1분은 버텨야 한다. 다른 곳에서의 1분이라면 촌음에 불과하지만 그럴 때만큼은 시간이 더디 흘렀다. 교통카드 숫자의 소진 속도는 생각보다

느렸다. 한 달 동안 60회를 이용하지 못할 것이 분명했기에 숫자가 빨리 줄어들었으면 좋겠다고 생각했다.

"벌써 마지막 날이네요."

그날 아침은 '19'에서 멈추었다. 열아홉 번의 기회를 날려버렸다는 사실을 아느냐는 듯 평소와는 다른 뉘앙스였다. 한시적으로만 사용이 가능했던 카드는 남은 횟수를 더 이상 쓸 수 없었다. 마지막 날이 되자 내게 허락된 무언가를 무단으로 회수당한 허탈함마저 들었다. 예상대로 제법 똑똑한 카드는 한 달이 지나자 더 이상 찍히지 않았다. 매정하게 뒤도 돌아보지 않았다.

한시적인 교통카드는 불편한 점이 있었다. 자주 이용하는 국철 1호선이나 공항철도를 환승할 때면 그림의 떡이었다. 환승 통로가 아닌 출구를 나온 후 일반 교통카드를 이용해야 했다. 버스를 탈 때도 무용지물이었다.

한시성限時性이라는 어휘가 따라다니는 경우 시간적 허용이 제한된다. 한시적 근로자는 근로 계약 기간이 정해져 있으며, 한시적인 할인 이벤트도 해당 기간에 한한다. 특정 제도의 한시적 유예 등은 기한이 지나면 더 이상의 혜택을 주지 않겠다는 의미다. 시한부였던 1개월짜리 카드는 더 이상 충전하지 않았다.

승차 횟수를 충전하는 교통카드 한 장이 남긴 메시지는 가볍지 않았다. 죽음을 향해 저마다의 속도로 걸어가는 삶의 모래시계에 담긴 색모래가 다른 편으로 옮겨가는 듯한 절박함도 살짝 맛보았다. 왕복 승차로 하루에 '2'씩 줄어들던 숫자는 득점 없이 보낸 내 삶의 전반전에 대해 상기해 보라는 무언의 압력이기도 했다.

―후불제 교통카드

아침 공기가 제법 쌀쌀했다. 옷깃을 여미었으나 용케도 틈새를 알아본 찬 바람은 방어가 허술한 목덜미를 파고들었다. 지하철역을 향하는데 겨울 바람이 야멸차게 등을 밀어냈다.

습관처럼 개찰구 앞에서 휴대폰을 꺼냈다. 후불제 교통카드를 단말기에 접촉했다. 단말기 속에 숨은 여성이 "카드를 한 장만 대주세요."라며 상냥하게 질책했다. 두 개의 카드가 포개진 것을 잊었다. 그녀에게 카드를 겹쳐 보관한 것까지 지적 당하고 나니 머쓱했다.

후불제 교통카드는 사용자의 생활 패턴까지 추측해낸다. 승·하차 기록을 보면 집과 직장의 위치가 드러날 것이다. 평소의 활동 반경이나 이동 패턴으로부터 벗어났다면, 특별한 일이 일어난 경우다. 이렇듯 교통카드 이용 내역은 특정한 사안이 있는 경우 유출될 수 있다. 그런 이유로 불편을 감수하더라도 충전식 카드를 고집하는 이들도 많지만 편리함이라는 당의정糖衣錠은 많은 우려를 잠재우기에 충분하다.

얼마 전 영화 〈신과 함께〉를 보았다. 한국적 세계관을 바탕으로 한 영화였다. 영화 속 저승법에 의하면 인간은 사후 49일 동안 7번의 재판 과정을 무사히 거쳐야만 환생하여 새로운 삶을 시작할 수 있다. 영화는 생전에 적립된 선행이 심판에 영향을 미친다는 점을 부각했다.

대부분의 인간은 살면서 법에 저촉되지 않을 만한 소소한 과오를 저지른다. 그럴 때마다 잘못된 행동을 검증받거나 객관적으로 평가받지 않는다. 양심의 눈치를 보거나 윤리적인 가책을 느낄 뿐이다. 영화대로라면 누적된 이용 실적이 말일에 결재되는 후불제 신용카드는 인생사와 유사하다. 조각 정보가 모여 빅데이터가 되듯 나의 행적도 어디엔가 적립되고 있을지 모른다. 사용 금액이 정해진 날짜에 정산되듯 자신이 범한 과오는 저세상에서 정산된다. 그것을 상쇄할 무언가를 충전할 수는 없다.

자신이 소진한 삶에 대한 충전이 가능하다면 어떤 일이 일어날까. 가진 자들은 거액을 들여 충전한 인생으로 영생을 누리리라. 다행히도 삶의 잔고를 비축하거나 기왕에 저지른 죄를 탕감받을 제도는 없다. 충전시스템이 적용되지 않은 삶은 죽음을 향해 저마다의 보폭으로 걸어가는 인간에 대한 축복이다.

충전식과 후불제의 교묘한 외줄에 선 듯한 내 삶은 후반전에 돌입했다. 감독의 휘슬이 울리자 내키지 않았으나, 흙먼지 자욱한 운동장을 향해 홀로 달려 나왔다.

2부

피렌체를 떠나며

이상한 유토피아

'방비엥'을 출발한 '버기카'가 속도를 냈다. 유유자적 활보하는 소떼를 연이어 만났다. 운동량이 많아서인지 날렵했다. 흰 털과 마른 몸 때문에 가축이 아닌 영물처럼 보였다. 방목하는 소들이 자유롭게 노닐다가 밤에는 집을 찾아 간다니 라오스에서 목축은 어렵지 않아 보였다. 느리게 걷던 녀석들이 방출해 놓은 대용량의 변 무더기가 지뢰처럼 포진해 있어 그것을 피해가는 일이 만만치 않았다.

'블루라군'까지 가는 길은 대부분 비포장도로였다. 마스크도 무용지물이어서 앞 차의 매연과 황토먼지를 섞어 마셨다. 일탈이 안겨준 참을 수 없는 웃음으로 먼지가 비집고 들어왔다. 새벽에 내린 작달

비로 인해 웅덩이 천지였다. 물이 튀겨 온몸을 적셔도 즐거웠다. 나무로 만든 아슬아슬해 보이는 다리도 몇 개쯤 건넜다.

이번 라오스행은 거창한 볼거리가 없을지라도 원초적인 산야의 매력에 취해 볼 작정이었다. 같은 시간 속에서 나와는 다른 동시대인들의 삶을 만난다는 설렘에 들떴다.

나의 일탈이 그들에게 결례를 한 모양이다. '시속 4㎞의 나라'라는 라오스에 등장한 폭주족이 되어 조용한 동네의 정적을 깨트렸다. 2인용 버기카와 트럭을 개조한 '송태우'는 황야의 무법 시대에 출몰한 보안관처럼 과도한 거드름으로 동네를 덮쳤다. 호흡이 되어버린 먼지와 '버기카'의 굉음에 익숙해졌다. 드문드문 보이던 가게가 사라지자 초록빛 봉우리가 우리를 포위했다.

30분 남짓 달리니 '방비엥' 특유의 산세와 근심 없이 늘어진 수목들도 일상의 풍경인 양 무디어졌다. 먼지를 뒤집어 쓴 '펩시 콜라'의 낡은 휘장을 장식으로 걸어 놓은 집이 있는가 하면 자연의 일부가 된 남루한 집들이 드문드문 이어졌다. 윗옷을 벗고 원두막에 누워있던 남자는 미소를 보냈다. 가던 길을 멈추고 손을 흔들던 아이들은 연갈색으로 변해버린 흰 교복차림으로 해찰을 부리며 느리게 걸었다.

특유의 카르스트 지형의 조용한 마을인 방비엥은 작은 계림桂林으로 불린다. 배낭여행자들의 천국이라는 세계적인 입소문으로 인해 평화로운 마을에 광풍이 불어왔다. 현지인이 받은 혜택은 전문 가이드의 보조 일자리 정도였다. 지금 그들의 삶에 들이닥친 불편의 시작은 지나칠 일이 아닌 듯싶었다. 앞으로 그들이 얻게 될 것은 무엇일까.

그 때 배낭을 멘 두 명의 여성이 느리게 걷고 있었다. 태양은 집요하게 그녀들을 따라붙었다. 그녀들의 뒷모습이 앞모습으로 바뀐 것은 순간이었다. 빼앗긴 영토를 되찾은 승자인 양 즐비하게 늘어서 입성한 버기카 군단의 한 자리에 앉았던 나는 그녀들의 느린 발걸음에 자꾸 마음이 쓰였다.

달리던 앞 차의 뒷면에는 'UTOPIA'라는 활자가 선명했다. 여행업체의 상호였다. 토마스 모어의 소설 〈유토피아〉에서 묘사된 상상의 섬에는 자물쇠와 화폐도 없었다. 각자 시장에서 필요한 물품을 필요한 만큼 가져다 쓰면 그만이었다. 방비엥의 오지를 달리던 차량의 상호치고는 적절해 보였다. 라오스에서는 방문을 열면 각종 열대과일이 지천이라 먹거리를 비축할 필요가 없다. 냉장고나 첨단 기기가 없어도 불편하지 않았으리라. 속도와 소유에서 자유로운 방관자였던 그들에게 문명이란 필수요건이 아니었다. 그 자체만으로 21세기의 '유토피아'가 아닌가.

목적지인 블루라군은 여행자들에겐 유토피아인지 모른다. 현지인들에게 여행자는 동네의 물웅덩이에 찾아든 이방인이리라. 속도가 무용지물이던 자신들의 유토피아로 찾아온 여행자들이 그들에게는 훼방꾼으로 전락한 것은 아닌지 적이 걱정되었다.

그런저런 생각에 잠기다 보니 도착했다. 유명세에 비해 단순해 보이는 풍경이 나를 맞았다. 석회암 동굴에서 흘러나온 터키블루빛 자연 풀장의 수심은 5m가 넘었다. 난이도를 조절하라는 듯 낮은 가지와 높은 가지를 드리운 튼실한 거목은 수준별 다이빙에 최적화되었다. 나이와 국적을 초월한 이들이 약간의 용기를 내어 입수하면 모두 구경꾼이 되어 응원했다. 이렇듯 단순함에 몸을 던지기 위해 여섯 시간을 날아왔나 싶으니 웃음이 나왔다. 방수 조끼의 견딜 만한 부력으로 한참을 즐겼다. 물고기 떼와 함께 수영하는 흔치 않은 즐거움에 나를 맡겼다.

그때 아침에 스쳤던 여성 두 명이 이제야 그곳에 도착했다. 땡볕 아래 두어 시간을 걸은 후였다. 먼 길을 걸어왔음에도 지쳐 보이지 않았다. 조용한 미소를 머금은 채 우리 일행을 보고 손을 흔들었다.

라오스는 국민총생산(GNP)은 최저지만 행복지수는 세계 1위로 선정되었다. 한때 그들의 점령국이었던 프랑스인은 '베트남 사람들은 벼를 심고, 캄보디아 사람들은 벼가 자라는 것을 보며, 라오스 사람들은 벼 익는 소리를 듣는다.'고 했던가. 여행자들이 몰려가기

전, 라오스에서는 시간이 천천히 흘렀으리라. 이 땅에서 느림과 고요함은 마땅히 즐길 만한 덕이었거늘 여행자들은 그들의 잔잔한 수면에 파문을 일으켰다. 그들에게 이 땅이 이상한 유토피아로 변질되기 않기를 바랄 뿐이다.

숙소로 향하는 내내 작은 배낭을 메고 뙤약볕 아래 들길을 마냥 걷던 여성들이 생각났다. 그들이야말로 마땅히 유토피아를 찾은 것인지 모른다.

낯선 것들과 조우를 꿈꾸며 여행 아닌 관광으로 안락함에 몸을 맡겼다. 자신의 보폭에 맞게 걷기란 쉬운 일이 아니었다. 라오스 여행이야말로 단체의 어수선함에서 벗어나 혼자만의 시간에 나를 방치했어야 했다.

함성을 지르며 적막하고 평화로웠던 들길을 달리던 때는 언제고 그들의 고요와 느림을 부러워하고 있단 말인가. 나의 유토피아가 그들의 일상이었다면 이제 그들의 유토피아는 어디일까.

피렌체를 떠나며

러시아의 여제女帝 예카테리나 2세는 궁정혁명으로 남편을 몰아내고 황제 자리를 차지할 만큼 야심만만했다. 국립중앙박물관에서 전시 중인 〈예르미타시 박물관전〉은 그녀의 프랑스에 대한 관심을 엿보기에 충분했다. 19세기 러시아 귀족들의 프랑스 미술 수집 열풍으로 왕실의 겨울궁전을 가득 채웠을 클로드 모네, 앙리 루소를 위시한 거장들의 작품이 즐비했다. 오늘날의 관람객에겐 고전이었으나 당시 인상파의 등장은 신선한 충격이었으리라.

유난히 시선을 붙드는 그림 앞에 섰다. 2전시실 한 면을 가득 차지한 '위베르 로베르'의 〈콜로세움〉이었다. 오른편 한켠이 손실된

콜로세움의 전경은 어두운 배경색과 불길이 이는 듯한 구름으로 독특한 분위기를 자아냈다. 로코코와 계몽주의 사조를 반영했다는 작품 앞에서 수신기에 담긴 그림의 상세한 설명은 무의미했다. 두 달 전 로마 여행에서 만났던 한 사람이 떠올랐기 때문이다.

그날의 여정은 콜로세움에서 시작되었다. 유화의 시점과 비슷한 위치에서 N과 인사를 나누었다. 로마와 피렌체의 현지 안내를 맡은 그의 음성이 예사롭지 않았다. 예상대로 유학 후 그곳에 눌러앉은 성악가였다.

그의 유적지 안내와 음악을 곁들인 설명은 잘 짜여진 인문학 강좌였다. 적소에서 날리는 유머로 인해 분위기가 한층 고조되었다. 피렌체로 이동할 때에는 이탈리아와 떼어놓을 수 없는 르네상스에 많은 시간을 할애했다. 두오모 성당에서는 일본 영화 〈냉정과 열정 사이〉의 테마곡을 들려주었다. 두오모에서 재회하기로 한 연인이 있는 듯한 설렘에 잠겼다. 창밖은 로마로 가득찼다. 거기에 더해 단테의 신곡을 바탕으로 했다는 푸치니의 오페라 '자니스키키'에 나오는 〈사랑하는 나의 아버지〉를 조수미의 음성으로 들려주었다. 자신의 꿈을 믿고 어려운 형편에서 성악 유학의 길을 허락했던 아버지 이야기도 곁들였다.

로마에서 4시간을 달려 프렌체에 도착했다. 피렌체의 정경이 한

눈에 보이는 미켈란젤로 언덕에 이르렀다. 아르노 강의 베키오 다리가 그림엽서로 내 앞에 펼쳐졌다. 강의 뒤편에는 시뇨리아 광장의 종탑과 두오모 성당의 하얀 돔이 적절한 구도의 풍경화를 완성시켰다.

당시 막강한 권력과 부를 누리던 피렌체의 메디치 가문은 중산층이었으나 은행업으로 부와 권력의 중심에 섰다. 귀족에게 유리한 세제를 혁신하는 한편 공화국에 거액을 기부하여 귀족과 서민에게 많은 지지를 받았다.

그뿐 아니었다. 열세 살의 소년 미켈란젤로의 재능을 발견하고 양자로 삼아 후원했으며, 라파엘로의 진가를 알아보았다. 전날 보았던 미켈란젤로의 역작 시스티나 성당의 코레스코 벽화도 메디치 가의 후원에 의해 가능한 일이었다. 그의 뒷바라지로 천재성을 발휘하고 꽃을 피운 예술가는 헤아릴 수 없을 정도였다.

르네상스를 빛냈던 많은 화가와 건축가의 대부분은 메디치 가문과 그렇게 인연을 맺었다. 이렇듯 문예부흥에 후원을 아끼지 않았던 메디치가의 기부는 피렌체에서 르네상스를 꽃피우는 계기가 되었다. 빛나는 예술가를 알아보았던 것 자체가 예술이었다. 도시 전체에 유명 예술가들의 흔적이 넘치던 피렌체는 가히 르네상스의 박물관이었다.

시뇨리아 광장으로 향했다. 미켈란젤로의 다비드상을 비롯한 다양한 르네상스 조각상들이 에워싼 광장은 지붕 없는 갤러리였다. 광장을 호위하던 작품들은 복제품이었으나 돌을 깎고 다듬어 인간이 만들었다는 사실이 의심스러웠다.

그것들을 바라보며 돌계단에 앉았다. 광장이 안겨준 감동은 건축물만은 아니었다. 르네상스의 후예인 무명화가들이 스케치에 골몰하고 있었다. 그들의 몰입과 열기는 11월 초순의 추위를 아랑곳하지 않았다. 얼굴에 흰 칠을 한 행위예술가는 가벼운 스텝으로 사람들 사이를 사뿐히 날아다녔다.

어디선가 기타 선율이 들려왔다. 〈알람브라 궁전의 추억〉이 클래식 기타의 정교한 음으로 광장에 퍼졌다. 거리의 악사가 검은 기타 케이스를 발 앞에 두고 연주하는 중이었다. 그 앞으로 걸음을 옮겼다. 5유로 몇 장과 동전들이 케이스 바닥에 담겨 있었다.

〈Don't say goodbye〉가 울려 퍼지는 돌계단에 앉았다. 광장은 오디션에서 검증받은 음악가만이 연주할 수 있는 곳이다. 르네상스 시대 예술가의 후예들은 오늘도 문화유산의 보물창고인 피렌체에서 희망을 키우고 좌절하기를 되풀이하리라.

두오모 성당이 신의 영역이라면 근처의 시뇨리아 광장은 인간의 공간이었다. 복제품으로 가득찬 죽은 건축물의 광장에 생명을 부여한 것은 무명의 예술가였다. 많은 인파와 조각상 위에 살진 비둘기들이 느리고 낮게 날았다.

미켈란젤로가 벽화 완성을 고민하고 ≪신곡≫을 구상하던 단테도 걸었을 법한 골목을 느리게 걸었다. 르네상스 전성기의 예술가들이 누볐을 거리에서 N은 아리아의 한 대목을 들려주었다. 세월의 두께를 온몸으로 두른 고색창연한 건물을 사이에 두고 한적한 인도에서 안정된 저음으로 퍼지던 바리톤의 선율은 독특한 경험이었다.

유학 후 어려웠던 시기에 서울로 돌아와 다른 일을 해본 적도 있지만 그가 다시 찾은 곳은 이탈리아였다. 무대 위에서 노래하다 죽는 것이 소원이라던 그에게 피렌체의 무대는 높기만 했다. 언젠가는 서울의 공연 포스터에서 자신의 이름을 본다면 반갑게 맞아달라는 말도 덧붙였다. 그는 특유의 낙천성으로 이틀간의 일정을 편안하고 유익하게 이끌어주었다. 좁혀지지 않은 이상과 현실의 낙차를 절감하며 녹록지 않은 세상의 파도를 험난하게 헤쳐나왔을 그는 아직도 항해 중이었다. 그에게도 메디치 가문처럼 든든한 후원자가 나타나 예술의 문예부흥기를 맞이할 수 있을까. 무대를 갈망하는 그의 바람이 희망 고문으로 남지 않기만을 바라는 마음이었다.

일행을 태우기 위한 대형버스가 차량 통행이 한산한 이면도로에 멈추었다. 그도 그럴 것이 주차난이 심각한 대도시에서는 대형 버스는 외곽의 지정된 주차장을 이용했다. N과 마지막 인사를 나누고 우리는 밀라노로 향하는 차에 올랐다.

다시 로마로 되돌아가야 한다는 그는 우리 일행보다 더 늦은 밤에 로마에 도착할 것이라고 했다. 비싼 월세를 피해 로마 외곽에서 지내기 때문이다. 손을 흔드는 차 창밖의 그가 유난히 초라해 보였다. 낡은 가죽점퍼와 큰 여행가방 때문만은 아니었다. 자신의 꿈을 한순간도 놓지 않은 그가 안타까워 보였던 것은, 그 도시가 피렌체였기 때문일까.

부하라의 현자賢者

우즈베키스탄에 도착한 다음날, 타슈켄트에서 국내선 비행기로 부하라(Bukhara)에 도착했다. 기원 초부터 인간이 살았던 흔적이 남아 있는 중앙아시아의 고도古都, 부하라는 역사의 고비마다 성쇠를 거듭하며, 동서 간의 교류에 기여한 뜻 깊은 곳이었다.

지반베기(Divan Begi)는 17세기 부하라 지역에서 막강한 권력을 과시했던 고위 공직자를 칭하는 말이다. 그들 중 나지르 지반베기는 결혼 당시 신부에게 해주지 못한 예물 대신 장한 규모와 정교한 모자이크 장식이 돋보이는 메드레세(신학교)를 선물했다. 1622년의 일이다. 당시 이슬람의 신학교는 신학을 공부하는 곳만은 아니었다.

신학은 물론 철학, 역사, 음악 등 다양한 분야를 연구하던 장소였다. 건물 입구 모자이크 장식은 두 마리의 봉황이 태양을 향해 날아가는 모습과 태양 중심에 사람의 얼굴이 새겨졌다. 그런 문양은 우상숭배를 터부시하던 이슬람교의 교리에 위배되는 예외적인 것이다.

해거름이었음에도 태양열이 호수 주변을 배회했다. 호수를 중심으로 배치된 테이블이 어느덧 사람들로 채워졌다.

민속쇼가 열리는 건물 내부로 들어서니 전통 음악이 공간을 가득 채웠다. 중노년으로 구성된 연주자들이 여유로운 표정과 미소로 맞았다. 광장에 놓인 식탁에 다양한 현지 음식이 차려지고 전통 복장으로 한껏 장식한 패션쇼가 동시에 진행되었다. 화려한 차림의 모델이 경쾌하게 광장을 누볐다. 선명한 색상의 치맛자락을 펼치며 제자리를 빙빙 돌 때면 날개를 활짝 편 공작을 연상케 했다.

여름밤은 더디 저물었다. 식사와 패션쇼가 끝나자 다시 호숫가로 나왔다. 신학교였던 유적지 정문 앞쪽에 청동상이 보였다. 나이깨나 들어 보이는 익살스러운 남성의 동상이었다. 신발이 반쯤 벗겨진 채로 가슴과 머리에 손을 대고 당나귀 등에 앉아 있었다. 당나귀도 웃음을 참는 듯 머리를 비스듬히 숙인 코믹한 표정이었다. 줄을 선 사람들은 동상을 배경으로 사진을 찍기 위해서였다.

동상의 주인공은 우즈베키스탄 우화에 단골로 등장하는 '나스렛딘 호자(Nasreddin Hodja)'였다. 이슬람교의 장로이며 신학자, 시인인 그는 가난한 사람들을 대변해 부자나 권력자들을 골탕 먹였다. 17세기의 현자였던 그는 당쟁과 파벌이 난무하던 중앙정치에 환멸을 느껴 은둔했음에도 터키 등지까지 잘 알려져 지금껏 그의 인기는 대단했다. 기념품 가게에서는 그의 다양한 모습을 담은 인형이 즐비할 정도로, 그들의 민족성을 투영한 매력적인 캐릭터였다.

현지인들은 저마다 그에 관한 이야기 몇 개쯤은 알고 있었다. 돈이 없던 나스렛딘은 주식인 샤슬릭(양고기 꼬치구이)을 살 수 없었다. 그가 매일 가게 앞에서 코만 벌름거리 샤슬릭 굽는 냄새를 맡았다. 상인은 냄새를 맡았으면 산 것과 다름없으니 돈을 내라고 쏘아붙였다. 이튿날 그는 상인에게 돈을 보여주며 당신도 내 돈을 봤으니, 그 값을 치르라고 핀잔을 주었다던가. 하루는 외출했다가 집에 돌아와 보니 애지중지하던 당나귀가 보이지 않았다. 이웃들은 가난한 나스렛딘이 마지막 남은 재산까지 도둑 맞았다며 걱정했으나 정작 그는 콧노래를 부르며, "만약 내가 당나귀를 타고 있었다면 나도 함께 잃어버렸을 것"이라며 환하게 웃었다. 지배층의 행태를 꼬집었던 일화에는 황제 티무르도 등장한다. 그는 황제에게 선물할 거위 요리를 들고 궁전으로 가는 도중에 배가 고파 다리 한쪽을 먹어버렸다. 한쪽 다리가 없는 거위를 받은 티무르가 이유를 묻자, 능청스럽게 말했다. 이 지역 거위들은 모두 다리가 하나뿐이니, 못 믿겠다면 창밖을 바라보라고 했다. 마침 밖에는 거위들이 다리 하나로 서서 잠들어 있었다. 황제가 총을 쏘자 놀란 거위들이 두 발로 흩어졌다. 이쯤 되면 백배 사죄해야 마땅했으나 그는 촌철살인의 기지로 위기를 빠져나왔다.

"만약 저 거위들이 당신을 향해 총을 쏘아댄다면 당신 역시 네 개의 다리로 기어서 도망갈 수밖에 없을 것입니다."

위트와 해학이 넘치던 그의 일화를 떠올리니 우리의 현실이 오버랩되었다. 민주주의는 권력자를 풍자하고 조롱할 수 있는 체제라지만 현실은 녹록지 않다. 문화 민주주의의 최전선이라고 할 수 있는 코미디의 단골 소재인 정치 풍자는 시청자의 관심이 높다. 그러나 권위주의적 분위기에서는 불가능한 일이다.

근래 익명성이 보장되는 SNS의 발달로 네티즌들의 풍자가 활발해졌다. 반면 새롭게 대두된 인터넷 권력은 자신이 지지하는 정치인이 풍자의 대상이 되었을 때 네티즌 팬덤(Fandom)이 프로그램을 집단적으로 공격한다. 이런 경우 관련 연예인이나 제작진은 위축되고 비난이 계속되면 정치 풍자를 소재로 이어갈 동력이 사라진다.

우리의 선인들은 탈을 쓰고 양반을 비꼬거나 풍자와 해학을 즐겼다. 연암 박지원은 몰락한 양반사회와 당시 시대상을 신랄한 풍자와 기발한 문체로 소설에 담았다. 풍자나 해학은 거대권력을 향한 엄청난 행위가 요구되거나 절묘한 유머 감각이 요구되는 것만도 아니다. 편법과 몰상식이 판치는 세상을 빗댄 한 줄의 글귀나 노래한가락이면 족했다. 마냥 웃어넘길 수 없는 풍자를 곱씹어보면 느리지만 더 나은 세상을 향해 나아갈 수 있으리라.

환상적인 패션쇼의 여운은 나스렛딘의 일화를 따라잡지 못했다. 여행지에서 이국 사나이의 낙천적인 모습을 상상하는 일은 색다른 즐거움이었다. 땡볕 아래의 황톳빛 도시는 밤이 이슥해지자 너그러운 품으로 포용할 듯 모든 것을 불러들였다. 부하라의 밤이 그렇게 깊어갔다.

줄

라오스 여행 3일째였다. 스콜(squall)이 스친 후여서 더위도 한풀 꺾였다. 유년으로 회귀한 듯 '블루라군'에서 물고기와 수영을 하다가 물 속에 드리워진 그네에 앉아 유유자적한 시간을 보냈다.

방수 조끼를 입고 걸었다. 한적한 마을을 지나고 들길을 걸었다. 다음 일정을 캐묻는 이들은 없었다. 어디에서 무엇을 한들 낯선 체험이 나쁘지 않을 것이라는 표정이었다. 자장면 그릇을 엎어 놓은 듯한 소똥 무더기만 봐도 웃었다. 파리 떼가 윙윙거리며 코끝을 간지럽혀도 즐거웠다.

'탐낭' 동굴에 이르렀다. 검은 대형 튜브가 수면에 떠 있었다. '튜빙'이라는 처음 듣는 체험은 튜브에 누워 동굴을 탐험하는 놀이였다. 앉으면 위험하다는 반복된 설명이 동굴에 들어가서야 이해가 되었다. 물과 동굴의 천장 사이가 가까워 다른 놀이도구나 자세로는 대체불가였다. 빠른 물살에서 이탈하거나 낙오되지 않으려면 어깨 위로 드리워진 밧줄을 붙잡아야 했다.

이윽고 동굴로 떠밀려갔다. 유속이 빠른 캄캄한 동굴에서 헤드라이트로 시야를 확보했다. 누운 채로 양손을 부지런히 옮기며 이동했다. 줄을 놓쳐서는 안 된다는 말에 굵은 밧줄을 놓칠세라 전전긍긍했다.

집착할수록 멀어지는 일이 있다. 천장을 바라보다가 잡았던 줄을 두어 번 놓쳤다. 어두운 동굴이 점차 익숙해지자 그 틈에도 서로에게 물을 뿌리는 장난을 치다가 줄을 놓쳤다. 잠시 당황했으나 손을 뻗치면 어느 줄인가는 잡혔다. 안도의 숨을 내쉬었다. 도중에 튜브에서 내려 네 발로 기어야 하는 구간도 있었다.

'튜빙'이 끝나고 동굴을 나서니 거짓말처럼 환한 대낮이었다. 고작 이십여 분 동안이었으나 동굴 안에서 줄에 연연해 마음 졸였다. 이탈해봐야 동굴 안이었다. 재빨리 다른 줄을 잡음으로써 동굴의 끝까지 가볼 수 있는 기회를 놓친 것을 아닐까. 망망대해로 합류할 위험한 상황도 아니었고, 어느 곳엔가 부딪혀 제 길을 찾으면 그만이었다. 지나고 보니 줄을 놓치는 스릴과 쾌감도 즐길 만했다. 안전과 스릴을 맞바꾸었다.

이어지는 놀이는 '카약' 타기였다. 쏭강에 띄운 '카약'에 두 명이 앉았다. 간신히 균형을 잡고 수면에 사선을 그었다. 힘껏 노를 저은 만큼 수면 위로 미끄러졌다. 강을 따라 늘어선 방갈로에서 여유를 즐기는 사람들을 바라보거나 옆을 스치는 이들의 물장난을 받아주며 앞으로 나아갔다. 어깨에 힘을 주니 근력은 방전되었고 노를 젓는 엄지와 검지 부분이 벌겋게 변했다.

때마침 등 뒤에서 바람이 밀었다. 한결 속도가 났다. 노젓기를 멈추어도 배는 앞으로 나아갔다. 내 속도는 내가 정하면 그만이었다. 다른 배의 눈치를 볼 것도 속도 경쟁을 할 일도 아니었다. 내가 앞섰다 해서 다른 팀을 도와줄 수도, 뒤처졌다 한들 신세질 필요도 없었다.

사람들은 줄線에 집착한다. '연줄 문화'는 관료조직은 물론, 사회 곳곳과 일상까지 뿌리내렸다. 구체적 성공요인을 꼽는 질문에도 '조력자와의 만남'을 중시한다. 인간관계는 풍부할수록 좋다는 생각이 지배적이다. 줄로 이어진 관계망은 어려운 길을 의외로 쉬운 과정으로 바꾸기도 한다. 사회에 대한 불신감이 높고 투명성이 낮을수록 연줄은 위력을 과시한다.

반면 역기능도 있다. 불량한 의도로 내민 줄을 성큼 잡았가다 낭패를 보거나 불행을 자초하기도 한다. 마침내는 공公과 사私의 구분까지 모호하게 만든다. 동아줄인 양 든든했던 신분 상승의 줄을 놓치면 한순간 추락할 수 있다.

대부분의 사람들에게 삶은 기득권의 파도가 넘실대는 망망대해에 돛단배 한 척 띄우는 일이다. 거친 풍랑을 만난다 해도 '각자도생各自圖生'의 길을 찾아야 하는 험난한 항해다. '한두 다리 건너면 모두가 지인'이라는 생각이 지배적인 사회에서 사람들은 어떻게든 인맥을 만들고 연줄에 의지하려 한다. 기댈 언덕이 없다고 생각될 때면 편법일지라도 연줄을 찾게 된다. 그것을 통해 정치적 출세나 사업상의 이득과 승진이 가능하리라는 생각 때문이다. 보통사람 역시 '연줄 문화'에서 자유롭지 못하다. 자신의 이해관계가 걸린 문제에 당면할 때는 아무런 죄의식 없이 연줄을 동원하면서도, 사회 지도층 인사들로부터 그런 문제가 불거지면 손가락질을 하는 편리한 이중 잣대를 적용한다.

소리 없는 촛불의 함성을 불러왔던 국정 농단도 '연줄 문화'의 소산이다. 쓰임새가 드물었던 '국정 농단'이라는 어휘가 친숙해진 시대다. 오늘도 후안무치의 주인공으로 법의 심판을 가리고 있는 두 여성과 그들이 내민 인연의 줄을 기회인 양 붙잡았던 관련자들의 질긴 인연도 폐쇄적인 연줄이 괴물처럼 번식한 결과다.

노력의 결과는 끝이 있는 법, 힘껏 노를 저어 다다른 곳은 호텔 뒤편의 냇가였다. 잡을 만한 줄이 없어 속도는 더디고 힘이 들었으나 내 힘으로 목적지에 도달했다는 사실이 뿌듯했다. 몸은 고되었을지라도 마음은 평온했다. 일몰의 열정을 다독이는 바람결이 상쾌했다.

‘에페소’에서 만난 퇴계

무채색의 올리브 나무 언덕이 끝나자 파란 물감을 풀어놓은 바다가 펼쳐졌다. ‘에게해’에 인접한 ‘이즈미르’를 거쳐 ‘에페소(Ephesos)’에 도착했다. 사도 바울이 핍박 속에서 전도하며 옥중에서 편지를 썼던 곳이다. 로마시대에는 아시아 최대의 도시였으며 고대 7대 불가사의 중 하나인 아르테미스 신전이 버티고 있었다.

들뜬 마음으로 ‘에페소’에 들어서자 유적의 잔재들이 기다렸다. 청명한 하늘과 고색창연한 돌이 어우러진 문명의 흔적은 기대 이상이었다. 잘려 나간 신전 기둥과 대리석 장식, 모퉁이돌 등이 잔디밭에서 무심히 나뒹굴었다. 그것들은 시간의 흐름 따위야 알 바가 아니라는 듯 태연하게 서 있거나 누워있었다.

원형경기장을 뒤로하고 느리게 걸었다. 수많은 사람들의 발걸음으로 길바닥은 미끄러웠다. 귀족들이 노예를 거느리고 거닐었을 정경을 상상했다. 헤라클레스가 새겨진 기둥, 공중 목욕탕, 화장실, 하수도 등 전성기의 흔적이 그나마 남아있는 것이 신기했다. 돌멩이 하나까지 모두 고대인의 역사를 지켜보았으리라.

그 길을 따라 걷다보니 위압적인 건물이 가로막았다. 셀수스 도서관이었다. 원로원 의원이자 애서가愛書家였던 '셀수스 폴레마이아누스'의 아들 '율리우스'가 지은 건물은 로마 최대의 도서관이라는 명성만큼 정교하고 화려한 자태였다. 1800년을 훌쩍 넘긴 지금은 대부분 무너져 앞쪽만 건물의 명맥을 유지하고 있지만 당시에는 16m 높이에 1만 권의 장서를 자랑했다.

종이가 없던 시절 양가죽으로 만든 책들이 즐비했을 서가를 상상했다. 양피지로 만든 책들의 보존을 위해 통풍에 신경을 쓴 듯 큰 직사각으로 남은 창틀이 인상적이었다. 도서관을 찾은 로마인들은 아침 햇살이 드는 창가에 앉아 아스라이 도시를 내려다보며 여유를 즐겼으리라.

건물의 지하 터널은 도서관과는 거리가 먼 수상한 용도로 쓰였다. 술집과 매춘굴이었던 맞은편으로 연결된 것이다. 길에서 보았던 대리석에 음각으로 새겨졌던 발바닥 모양이 떠올랐다. 발이 그보다 작으면 미성년자로 분류되어 출입할 수 없었다던 창녀의 집 표지였다. 그곳에 가기 위한 통로로 도서관을 이용했는지 모른다. 도서관을 모종의 활동(?)을 위한 방편으로 이용한 서생書生도 있었으리라.

로마 유적지에서 황당하게도 조선 최고의 지성이자, 천 원 지폐의 모델인 퇴계 이황 선생을 떠올린 것은 나의 오지랖이었다. 퇴계는 성균관 유생이 되기 전부터 건강을 해칠 정도로 ≪주역≫에 몰두하여 잔병치레가 잦았다. 몸이 약했던 퇴계 선생이 처가에서 첫날밤을 보냈다. 장모는 병약한 사위가 걱정되어 딸에게 묻자, "말도 마이소. 짐승이데예."라고 했다던가.

이런 일화는 유독 선비의 표본인 퇴계선생에게만 넘친다. 율곡의 제자들과 퇴계의 제자들이 서로 자신들의 스승이 더 훌륭하다고 우긴 적이 있다. 결국 그들은 스승들의 '밤일'을 엿들었는데, 율곡이 조용히 일을 치른 반면 퇴계는 격렬했다. 다음날 "성현으로서 어찌 그렇게 짐승처럼 일을 치릅니까?" 라는 제자들의 항변에 선생은 너털웃음으로 답했다. "율곡은 밤일도 너심스럽게 치르니 후사를 늦게 얻을 것이다."라 했다던가.

퇴계 선생이 27세에 부인과 사별하고 3년 후 재혼한 여성은 무오사화와 연류된 일족 몰살의 충격으로 정신을 놓아버린 권 씨 부인이었다. 아버지 권질權礩의 간곡한 부탁 때문이었다. 성품이 무던했던 퇴계 선생은 부인으로 인한 곤란함을 잘 견디었다. 어느 날 우물가에 모인 아낙들이 권 씨 부인에게 퇴계에 대해 물었다. 부인은 천연덕스럽게 "낮 퇴계랑 밤 퇴계는 다른 사람이다."라고 했다던가. 사실 여부를 떠나 예상을 초월한 멀티 플레이어(multi player)였던 선생의 일화는 야사野史의 완결편이다. 그러나 '한국구비문학대계'에서는 '퇴계 선생은 낮엔 의관을 차렸지만 밤에는 부인에게 꼭 토끼처럼 굴어 낮 퇴계 밤 토끼라는 말이 생겨났다.'고 기록하였다니 체면치레는 된 셈이다.

선생이 특정 영역에서만 우월한 활약을 보인 것만은 아니다. 그는 바람직한 선비상과 스승상을 정립한 인격자이며 합리적 사상가였다. 남편으로서 권 씨 부인의 온전치 못한 정신상태가 힘겨웠음에도 가여워하고 존중했다. 자신이 먼저 죽은 후 혼자 남겨질 것을 염려하여 아들에게 친어머니처럼 예우하기를 당부했다. 또한 둘째 아들이 일찍 죽자 사돈에게 "며느리가 불쌍하니, 데려가 알아서 하시라."는 편지로 재가를 허락했다. 소수서원에서 성리학 강학 중에는 대장장이 배점이 배우기를 간청하자 허락했다. 배점은 선생이 죽자 3년간 상복을 입고 예를 실천했다.

유교적 가치관이 지배하던 당시로서는 파격적인 조치였다. 선생은 체면과 명분을 앞세워 성인과 군자를 이상적 인간상으로 추구하던 시대에 인간의 본성을 존중한 진정한 대인배였다.

'에페소' 유적지에서 퇴계 선생의 추억담을 상기하며 야누스의 얼굴로 불리는 인간 존재의 양면성을 떠올렸다. '낮 퇴계와 밤 퇴계'라는 상반된 인간의 성정은 뫼비우스의 띠처럼 시작과 끝은 동일한지도 모른다. 진위 여부와 무관하게 학자인 퇴계를 범인凡人으로 끌어내려 친근감을 표현하려는 쑥덕거림이 아닐까. 범접할 수 없는 인물을 만만한 개그의 주인공으로 뒷담화에 올리는 것 또한 소심한 소시민의 소소한 즐거움이다.

틀만 남은 도서관 창가로 스산한 바람이 오고갔다. 고대인들의 삶의 흔적이 고스란히 남아있는 도서관은 전성기를 기억할 수 없다는 듯 허허로움으로 충만했다. 한 시대를 풍미했으나 패망한 대갓집의 뒤란을 걷던 기분이었다. 도서관을 뒤로하고 오는 길에 고만고만한 기둥들이 키재기를 했다. 속도와 시간을 잊은 나른한 풍경이었다.

계림桂林의 노익장

중국 계림桂林 여행 3일째, 계림에서 두 시간을 달려 양삭陽朔 용호 공원에 도착했다. 공원에 수령 1400년이 넘은 나무가 있다고 했다. 줄기가 실처럼 늘어진 특이한 형상에 크기가 어마어마하여 대용수大榕树라던가. 대용수는 계림에 도착한 후부터 이동 중에 수없이 보았던 가로수와 같은 수종으로 도로변에서는 우산처럼 둥글게 우거진 이파리 아래 가느다란 줄기가 하느작거렸다. 대용수는 뱅골 보리수 나무로 2000년을 자란다니 인간이 느끼는 세월과는 다른 눈금이 적용되는 것 같았다. 앞으로 500년을 거뜬히 버틸 것 같았다.

눈 앞에서 나무를 보니 한 그루라는 사실을 믿을 수 없었다. 홀로 숲을 이룬 나무는 노령이었음에도 지쳐 보이지 않았다. 지지대로 보였던 기둥은 실뿌리가 자란 나무등걸이었다. 버팀목으로 연명하고 있으리라 짐작했으나 스스로 제 몸을 거뜬히 추스르고 있었다. 한겨울이었음에도 잎을 우렁우렁 매달고 서 있는 자태가 예사롭지 않았다. 남방의 포근한 날씨 때문만은 아닌 듯했다.

나무에게도 노익장이라는 비유가 가능할까. 대용수 앞에서 노익장과 마원馬援을 떠올린 것은 연륜에 걸맞은 노블리스 오블리제를 실천하는 듯한 의젓한 품새 때문이었다.

≪후한서後漢書≫ 〈마원전馬援傳〉에 등장하는 마원은 감찰관으로 있을 때 죄수들을 압송하게 되었다. 그들이 고통에 못 이겨하자 동정심에 죄수들에게 각기 제 살길을 찾으라며 모두 풀어주고 자신도 북방으로 달아났다. 그는 북방에서 목축으로 생활하였으나 워낙 부지런하고 수완이 좋아 가축 규모가 수천 두에 이르렀다. 생활이 윤택해지자 사람들에게 돈을 나누어 주었으며 자기는 떨어진 양가죽 옷을 걸치고 근검한 생활을 했다.

그후 광무제를 만났는데 마원의 진가를 알아본 광무제는 공손하게 조언을 구했다. 그는 광무제의 태도에 감동하여 휘하에 들어가 남방을 평정하는 공을 세웠다. 얼마 뒤 만족蠻族의 반란에 광무제의 군대가 전멸하자 마원이 자신에게 군대를 달라고 청했다. 주저하는 광무제에게 마원은 “소신의 나이 비록 예순두 살이나 갑옷을 입고 말도 탈 수 있으니 어찌 늙었다고 할 수 있습니까?”라며 말에 뛰어올랐다. 지금이야 100세 인생 운운하지만 당시로서는 육십이 넘은 마원이 전쟁에 나설 나이는 아니었으리라. 광무제는 더 이상 말리지 못하고 출정을 허락했다. 결국 마원은 군대를 이끌고 정벌길에 올라 반란을 평정하고 흉노 토벌에 큰 공을 세웠다.

그는 “대장부는 뜻을 품었으면 어려울수록 굳세어야 하며 늙을수록 건장해야 한다大丈夫爲者窮當益堅老當益壯.”며 “가멸지더라도 사람에게 베풀지 않으면 수전노守錢奴일 뿐이다.”라고 했다.

노익장을 떠올리기에 적합한 식물은 흔치 않으리라. 대용수는 중국인들에게 민간 신앙의 대상으로 자리매김한 모양이다. 사람들이 나무를 중심에 두고 시계 반대방향으로 돌고 있었다. 그런 의식이 장수를 가져다 준다고 믿기 때문에 고단한 일상의 버팀목이라도 되는 양 적지 않은 사람들이 나무 주변을 느리게 돌고 있었다. 덩달아 합세한 관광객들도 세월의 시침時針을 뒤로 돌리고 싶은 마음에서인지 나무 주변을 걸었다.

대용수는 리강을 사이에 두고 건너편의 낙타봉을 천 년 넘도록 바라만 보았다. 리강과 바람과 구름이 대용수를 중심으로 흐르고 있었다. 사람들은 강에 뗏목을 띄우고 뱃놀이를 즐겼다. 중국 특유의 웅얼거리는 듯한 노래가 수면위로 퍼지자 뗏목이 느리게 움직였다. 그들의 표정이 무척 밝아보였다. 사람들은 나무 주위에 휴식 공간에서 태극권 등으로 몸을 단련한다니 대용수가 사람에게 베푼 것은 여느 성인聖人과 다를 바 없다는 생각이 들었다.

수목으로 천 년 넘는 세월을 멋지게 살고 있는 나무 앞에서 무슨 말이 필요할까. 선부른 나열도 자제하는 편이 나을 뻔했다. 화석도 아니건만 살아있는 식물로 저만한 모습을 갖추기까지 숱한 고비를 넘겼을 것이다. 생장에 좋은 여건만 만났다면 도리어 버텨내지 못했겠지. 긴 가뭄에 가슴이 타들어가던 여름날은 길었으며 비바람과 강풍에 잠 못 이룬 밤도 많았으리라. 소리쳐 말할 수 없는 사연인들 없었으랴.

나이를 인정하지 않으려는 듯 동안童顔을 과시하는 어르신과는 격이 달랐다. 제 나이에 대한 책임으로 주변의 풍광을 아우르며 사람들을 포용하는 대용수의 위용에 압도당했다.

한생을 살다 가는 사람도 저런 모습으로 나이 들 수 있을까.

계림에서 억불산을 그리며

중국 광시廣西성 자치구인 계림桂林은 12월 중순에도 기온이 10도 내외였다. 연일 영하를 기록했던 서울의 날씨와 비교하니 겨울철 여행으로 제격이었다. 불교와 문화의 중심지답게 도시 전체가 유적지로 보이는 사찰이나 탑 등이 눈에 띄었다. 도로변의 가로수는 계수나무 숲桂林에서 유래한 지명에서 연상할 수 있듯이 계수나무가 즐비했다.

'계림桂林의 산수는 천하제일'이라는 식상한 말을 들을 때마다 중국인의 과장된 찬사려니 생각했다. 계림의 명물은 역시 특이한 봉우리였다. 무심한 듯 유장하게 들어앉은 봉우리는 앞을 다투며 겹겹이 앉아 있었다. 몇 발자국 떨어져 홀연히 자리잡은 것들도 있었다. 침식된 석회질 평원에 대단할 것도 없다는 듯 들어앉은 봉우리는 무심하게 행인들을 바라보곤 했다. 헤아릴 수 없는 봉우리는 삼만육천 개가 넘는다니 굳이 개수를 따져서 무엇하랴. 계림은 중국 미술과 시가詩歌의 소재가 되었으며 인민폐 20위안에 이곳 특유의 산세가 등장할 정도다. 어느 곳을 바라보아도 자연이 그린 환상적인 수묵화가 펼쳐졌다.

주유소나 은행, 음식점은 물론 작은 상점들도 저마다 크고 작은 봉우리 하나씩을 배급받고 병풍인 양 배경으로 삼았다. 눈 앞에 보면서도 믿을 수 없었던 장관은 이곳이 수억 년 전 바다였음을 상기시켰으나 내가 알고 있는 지질학 상식을 총동원해도 쉽사리 연상되지는 않았다. 어느 곳을 바라보아도 만날 수 있는 절경이 변함없는 것은 건축물의 고도 제한 덕분이었다.

저녁을 마치고 양강사호 야경을 보기 위해 유람선 선착장으로 향했다. 선착장에서는 야외 공연이 한창이었다. 젊은 가수는 이강을 바라보며 기타 반주에 맞추어 귀에 익은 우리 가요를 불렀다. 노랫가락이 이강에 퍼지자 흥을 주체하지 못한 초로의 여인들이 그들의 음악에 맞추어 춤을 추었다.

유람선은 지붕조차 유리여서 하늘이 한눈에 들어왔다. 오후에 산책했던 우산공원은 불빛을 더하니 색다른 모습으로 다가왔다. 흰색 아치형 다리는 붉고 노란 조명으로 환상적인 자태로 다가왔다. 유람선이 통과하는 몇 개의 다리는 기이한 종유석의 형상과 동굴 벽면의 모형을 재연했다. 물 위에 누각에서는 소수민족들이 특이한 음색의 노래와 악기 연주로 그들만의 전통 공연을 펼쳤다. 심지어 유람선 내부에서도 친숙한 중국 음악을 즉석에서 연주했다. 뱃전에 부서지는 물소리와 조명을 따라 수면에 만들곤 하는 긴 그림자를 바라보며 그곳 특유의 밤의 정취에 고즈넉하게 취해보리라던 생각은 보기 좋게 빗나갔다. 관람객에게는 휘황찬란한 불빛 아래 펼쳐지는 색다른 체험이겠지만 그들에게는 일상이자 생활의 터전이리라. 거대 규모의 천혜의 경관을 관광상품화한 탁월한 상술이었다.

이강을 호위하며 끝없이 이어지는 기암과 야경의 흥취를 더해주던 유람선이 강물을 가르며 선착장을 향했다. 수면에 일렁이던 현란한 조명이 덩달아 출렁거렸다. 계림의 밤은 그렇게 깊어갔다.

숙소에 누워 그날 찍은 기이한 봉우리의 향연에 잠겼다. 휴대폰 액정 화면을 옆으로 밀어 펼쳐지는 장면들이 반복되자 처음의 경이로움은 반감되었다. 들여다볼수록 엇비슷해 보이는 절경은 이미 절경이 아니었다.

슬며시 억불산과 며느리바위의 특이한 산세가 오버랩되었다. 푸른 하늘을 배경 삼아 남도의 가락처럼 천연덕스럽고 완만한 오름새로 정상을 향하다 뜬금없는 왼쪽 엄지손가락을 치켜세운 듯한 형상이었다. 오랜 그리움으로 고향을 찾을 때면 어디서나 변함없는 특유의 스카이라인으로 나를 반기던 내 그리움의 원천이었다. 무시로 찾을 수 없어 더욱 그리운 아름다운 경관과 며느리바위는 고향을 떠올릴 때면 상징적 지형으로 각인되었다.

초등학교 소풍으로 간신히 올랐던 후로는 더욱 애착이 갔다. 칠거리나 평화리의 들판을 걸으며 망연히 바라보았을 때나, 등하굣길에 길기만 했던 동교 다리를 지날 때도 며느리바위는 묵묵히 지켜보곤 했다.

장흥 억불산에 봉우리 한 점은 어쩌다가 그곳에 자리잡았을까. 규모가 대단하지 않을지라도 바위는 단 하나라서 더욱 귀했다. 제아무리 우람한 계림의 봉우리가 절경이거나 숫자가 많다 한들 내 것이 아닌 것에 마음을 두어 무엇하리. 계림에 도착하자마자 탄식을 연발했던 정경은 며칠 간 질리도록 보고 나니 평범해 보이지 않았던가. 대신 그 자리에는 억불산과 며느리바위가 자리잡았다.

이제 새해가 밝았다. 봄이 오기 전에 우목리를 지나 꼭 한번 그곳에 오르고 싶다, 억불산.

시간의 뿌리

'삶은, 환자들이 저마다 침대를 바꾸고 싶은 욕망에 사로잡힌 하나의 병원'이라 했던가. 삶 자체가 욕망이라는 무거운 등식은 때론 그 병원을 벗어나는 일탈을 꿈꾸게 한다. 여행은 그것을 실행하는 일 중의 하나다.

앙코르와트는 캄보디아 씨엠립 공항에서 20여 분 걸리는 고대 도시다. 앙코르와트는 특정 사원의 이름이지만 그 일대의 유적 전체를 칭하기도 한다. 그곳에는 12세기에 건립된 힌두신들과 신의 대리인이라 여겼던 왕을 위한 장대한 유적들이 산재해 있었다. 당시의 왕은 시간의 풍화작용으로 폐허가 진행 중인 오늘의 괴이한 모습을 짐작이나 했을까. 한때는 2,500명이 넘는 성직자들이 지냈다지만, 오늘은 이국의 관광객들로 분주했다. 이제는 거대한 사원의 규모를 어림짐작해 볼 뿐이다.

이튿날 찾은 타프롬(Ta Prohm) 사원은 나무의 정령이 주둔하고 있었다. 그곳은 자야바르만 7세가 어머니의 극락왕생을 위해 건립한 불교사원이다. 그러나 왕이 전쟁에서 승리의 기쁨을 안고 돌아왔을 때 어머니는 이미 세상을 떠난 후였다. ㄱ자로 꺾인 지붕에는 나무가 지붕을 움켜쥔 채 놓아주지 않았다. 스펑나무와 보리수 등 수백 년을 그곳에서 뿌리내린 고목들이 사원의 벽과 지붕을 휘감고 건물을 붕괴시키고 있었다. 그 정경을 보며 상황과는 어울리지 않은 시조 가락이 맴돌았다. "이런들 어떠하리, 저런 들 어떠하리. 만수산 드렁칡이 얽혀진들 어떠하리…." 그렇게 사원과 나무는 시간을 핑계로 얽혀 이제는 한몸이었다. 언제부터였을까, 그곳의 주인은 나무였다.

사원의 석재는 사암이었다. 사암은 다른 돌에 비해 무른 편이어서 그처럼 정교한 조각이 가능했으며 나무에게도 제 몸을 내어주었으리라. 지붕 어딘가에 씨앗이 자리잡고 벽면을 스멀스멀 타고 내려와 땅속으로 뿌리내린 그것들의 정체가 식물이라는 것이 실감나지 않았다. 끝이 없는 다리로 사원을 휘감은 불가사리 형상은, 영화 〈반지의 제왕〉이나 SF영화에서 보았음직한 나무였다. 그 순간도 미세한 움직임으로 세를 확장하고 있었으리라.

2000년에 개봉한 〈화양연화〉는 앙코르와트를 추억하게 한다. 장만옥과 헤어진 양조위는 돌탑의 조각을 들추어 그곳에 둘만의 가슴속에 묻어둘 말을 속삭였다. 그 구멍을 진흙으로 메우고 나오는 마지막 장면은 압권이었다. 양조위가 남긴 그 말은 예정된 이별을 맞았던 그들 삶에 저 무성한 나무처럼 견고하게 뿌리내리지 않을까. 사원을 둘러보며 저 어디쯤이 영화 속의 그곳이 아닐까 하는 생각에 사로잡히곤 했다.

나는 폐사지를 즐겨 찾는다. 시간이 멈춘 적막한 뜰을 거닐며 허허로운 아늑함에 잠기곤 한다. 고대古代의 누군가에게는 절대적인 대상이었으며 신성神聖이 머물렀을 곳이기에 많은 생각의 지도를 그려보기도 한다. 스쳐간 그들의 흔적이 감도는 삽상한 공기를 마시며 걷는 일은 즐거운 일이다. 옛사랑이 주는 아련한 정서의 메타포로 오래된 사원만큼 잘 어울리는 장소도 없으리라.

사원이 먼저 지어진 것인지, 나무가 그 이전부터 자라고 있었는지는 알 수 없었다. 이미 쓰러졌을 것 같은 사원을 얽힌 줄기가 그나마 지탱해주는 것만 같았다. 나무조차 없었다면 사원은 이미 붕괴되고 마모되어 돌맹이나 흙이 되었을지도 모른다. 나무는 침식자이자 사원을 지탱하는 이중적인 역할을 하고 있었다. 거대한 스펑나무의 위력에 짓눌린 착시 현상일까.

이즈음 나를 불편하게 하는 욕망의 주체는 바로 자신이다. 그것은 필수적인 욕구와는 달리 사회적인 기대를 포함한다. 타인의 눈금에 자신을 견주어 상대적인 박탈감에 잠기는 일이 다반사다. 무분별한 욕망은 그 원인을 나를 제외한 대상에게 전가한다. 타자의 것과 구분되지 않은 욕망을 좇다가 나를 망각하기도 한다. 맹목적인 욕망에 휘둘린 후에는 그것이 충족된다 해도 정신적인 궁핍함과 허망함만이 남을 것이다.

나를 짓누르는 욕망도 양가적이어서 때론 나를 지탱하는 지렛대가 되기도 한다. 인간사에도 견디기 힘든 시련을 겪고 나면 고통이야말로 그 힘겨운 시간들을 버티게 하는 힘이었음을 느끼는 경우가 있다.

타프롬, 그곳에는 나무의 질긴 욕망이 창궐했다. 여행자들은 인간의 욕망이 쇠한 터에 나무가 주인이 되어버린 아름다운 폐허에서 연신 셔터를 눌러댔다. 그 순간도 시간의 뿌리는 소리없이 자라고 있었다. 이어지는 셔터 소리는 나무의 욕망이 파도가 되어 밀려오는 소리였다.

이정표

6월의 땡볕이 배낭에 내려앉았다. 성삼재에서 노고단을 향하던 중이었다. 해발 1100m 남짓한 휴게소까지 차로 이동했기에 노고단까지는 어려움이 없는 코스라고 했다.

대부분의 길이 그렇듯 시작은 평지였다. 지리터리풀이 가로수처럼 늘어진 숲길도 지났다. 잘 다져진 정교한 흙길은 포근했으며 햇빛과 바람을 만난 나뭇잎은 순간을 놓치지 않고 반짝였다. 눈부셨다. 식물도 빛을 발한다는 사실이 새삼스러웠다. 나뭇잎 사이로 반짝이는 빛을 바라보며 한나절을 보내도 좋을 성싶었다.

모든 사물과 숨탄 것들은 반짝이는 순간이 있으리라. 그 순간에 눈 맞추지 못하고 의미를 부여하는 누군가가 없었을 뿐, 저마다의 존재 이유는 있을 테니까. 산이 부르지 않았으나 내 편에서 찾아간 터라 걷는 중에도 내심 산의 기색을 살폈다.

정오에 가까워질수록 볕의 강도가 심해졌다. 목적지에 이른다 해도 하산이 걱정이었다. 오르기 전에 내려올 걱정부터 앞섰다. 점점 무거워지는 등산화를 끌고 걸음을 옮길 때 나뭇잎 사이로 이정표里程標가 나타났다.

← 성삼재 1.9km
성삼재 (편안한 길) 2.3km →

이정표는 양방향을 가리키는 화살표뿐만 아니었다. 편안한 길로 가되 멀리 갈 것인지, 다소 어렵더라도 지름길로 갈 것인지 물었다. 짧은 코스는 힘들다고 명시하지 않은 센스있는 팻말이었다. 불과 400m 차이였지만 산에서는 무시할 수 없는 거리였다. 괄호에 담긴 '편안한 길'은 '더 먼 길'로 읽혔다.

잠시 망설였다. 마음은 편안한 길을 좇았으나 발길은 반대로 향했다. 난이도의 차이를 예측할 수 없었으나 왼쪽 길을 택했다. 귀경 시간에 대한 부담으로 산행 시간을 줄이기 위해서였다. 숲에서의 시간을 즐겨야 마땅했으나 작정하고 떠난 길에서조차 시간을 셈하고 있는 내 모습이 마음에 들지 않았다.

초입의 완만한 길이 끝나자 된비알로 이어졌다. 당연히 힘들 것이라는 선입견도 한몫했으리라. 간밤에 숙면을 취하지 못해 눈에 미세한 모래알이 겉도는 느낌이었다. 조급했던 마음과는 달리 산행에 속도를 내지 못했다.

돌이키기엔 늦었다. 다소 시간이 걸리더라도 '편안한 길'을 택했어야 했다. 발걸음이 더할수록 후회가 밀려왔으나, 예견된 고단함은 나의 선택이었으므로 감수했다. 괄호 안에 묶인 '편안한 길'에 대한 미련은 가지 않은 길에 대한 아쉬움으로 남았다.

얼마쯤 걸었을까. 내 심정을 안다는 듯 표지판이 빙그레 웃으며 나타났다. 노고단까지는 망설임없이 "노고단고개(편안한 길)"를 택해 방향을 잡았다. 다른 이정표에서는 볼 수 없던 친절한 안내로 많은 생각에 사로잡혔다.

돌이켜 보면 지금껏 걸어온 여정에 그처럼 명징한 이정표를 만난 적은 없다. 육십 년 남짓 주관해온 내 삶에서만큼은 경력자였으나 그 같은 이력이 도움되지 않은 경우가 많았다. 이번 생에서는 초보였다.

중대한 선택일수록 시정거리는 모호했다. 동전을 던져 결정할 수도 없는 선택의 갈림길에서 어느 쪽이 '더 편안한 길'이라는 시그널을 받은 적도 없다. 경사도는 어느 정도인지 오르막을 걸어야 하는 시간은 얼마쯤인지 알지 못해 늘 안개 속이었다.

능률을 따르다 보니 매사에 서두르는 편이다. 나의 이런 습관이 안겨준 부작용도 많다. 미리 작성해둔 문서는 정작 필요한 순간 그것을 저장해둔 파일 위치를 찾지 못한다. 시간 절약을 위한 일이 도리어 시간을 낭비하는 결과를 낳기도 한다. 횡단보도의 초록불에 남은 시간이 20초인데도 발걸음을 재촉한다.

적시안타適時安打라는 말은 대부분 유용하다. 잎과 꽃이 제 때가 되어야 얼굴을 내밀듯 삶에서 서둘러야 할 일은 그리 많지 않다. "씨앗이 자라는 속도를 넘어선 곳에서는 공포만이 자랄 뿐 안심은 없다."는 어느 환경운동가의 말에 고개가 끄덕여진다. 씨앗이 자라는 속도에 맞추는 지혜를 따라잡기는 쉬운 일은 아니다. 모든 일은 제 시기에 맞춤하면 그뿐, 지름길이 최선은 아니다.

이정표 없는 갈림길에서 망설이기는 지금도 마찬가지다. 어쩌면 삶의 고비마다 스쳤던 이정표를 내 편에서 발견하지 못한 것인지 모른다. 갈림길에 이정표가 보이지 않는다 하여 두려워할 일은 아니다. 미래에 대한 불확실함에 시야가 확보되지 않는다면 속도를 줄이면 된다.

속도와 생산성을 우선시하는 사회에 배치된 구성원으로 최선과 분발은 일상의 강박이 되어버린 명제다. 분발하지 않는다면 자연은 더욱 많은 것을 느끼게 해 줄 것이며 주변 사람들이 더욱 다정해질 것이다. 시간의 책장을 느리게 넘기며 속도를 늦춘다면 세상은 지금보다 더욱 넓어질 것이다.

지나고 보면 서두를 것 없는 시간들이었다.

보이지 않는다 하여

대지가 목마름을 호소하던 여름날, 별 볼 일이 있다는 L 선생의 연락을 받았다. 짊어질 만큼의 설렘을 배낭에 담아 충북 진천의 천문대로 향했다. 목적지는 살기 좋은 곳으로 알려져 '생거 진천生居鎭川'으로 불리는 충북 진천이었다. 금요일 퇴근 시간이었으나 서두를 필요는 없었다. 어차피 여름해가 기울고 사위가 어두워져야만이 별을 볼 수 있기 때문이었다.

천문대에 도착하자 서쪽 하늘은 황혼이 물들고 있었다. 해는 발그레한 밤 단장으로 하루를 정리하는 중이었다. 전망대에서 내려다보니 너른 잔디밭이 펼쳐졌다. 잔디밭에는 스무 개 정도의 작은 지붕들이 드문드문 앉아있었다. 지붕의 정체는 뜻밖에도 낚시터의 방갈로였다. 입질의 흔적을 상상할 수 없었다. 절경이었다는 토평저수지가 긴 가뭄으로 인해 잔디밭으로 변하자 물 위에 떠 있어야 할 방갈로가 잔디밭에 엉거주춤 앉아있었다. 물속에서 자맥질했을 붕어며 잉어, 가물치는 어디로 갔을까. 물이 마땅히 있어야 할 곳에 없으면 왠지 불안하고 여유로움이 느껴지지 않는 것은 우리 몸 성분이 대부분 물이기 때문일까.

먼저 별자리의 특성에 대한 교육이 있었는데 별은 밝기와 역사와 사연도 제각각이었다. 난생처음의 별자리 관측인지라 마음은 이미 관측실에 가 있었다.

드디어 주관측실로 올라갔다. 독일산 10인치 굴절망원경을 중심으로 몇 개의 크고 작은 망원경이 발사를 앞둔 우주선처럼 비스듬히 서 있었다. 관측에 최적화된 상태로 고정되어 망원경을 건드리면 별이 보이지 않는다고 했다.

어둠이 시야를 점령했다. 누군가가 휴대전화를 켜자 액정의 불빛이 자동차 라이트처럼 과장되게 빛났다. 천문대 관리자는 큰 사고를 수습하듯 황급히 전화기를 끄라고 했다. 빛남도 상대적이어서 주변의 다른 발광체에 의해 별이지만 별이 아닐 수도 있음을 실감했다.

빛이 사라지자 칠흑같은 밤하늘에 시나브로 별이 돋았다. 내가 처음 보았을 뿐 별무리는 가없는 하늘에서 어제도 그제도 더욱 먼 과거부터 그곳에 있었으리라. 온종일 그곳에 떠 있었을 별은 사위가 어두워져야만이 북두칠성과 북극성, 큰곰자리 등으로 나타났다. 별이 어느날 갑자기 반짝이게 된 것이 아님을 실감했다. 감지할 수 없는 먼 시간에서부터 그 자리를 빛나던 별이었으나 유난을 떤 것이다.

'북두칠성'에 대한 러시아 전설이 떠올랐다. 극심한 가뭄이 들어 한 아이가 '죽어가는 엄마가 물을 마시게 해달라.'고 빌었다. 그때 아이의 국자가 은국자로 변하고 물이 가득 찼다. 아이와 엄마가 서로에게 먼저 물을 먹이려고 실랑이를 하는 도중 은국자가 금국자로 변했다. 그러자 국자 안에 다이아몬드가 생기고 물이 넘쳐났다. 모녀가 사람들에게 물을 나눠주자 단비가 내리기 시작했다. 다이아몬드가 승천해 국자와 비슷한 모양의 별이 되었다던가. 발 아래 저수지가 밭이 되어 목마름을 호소하는 이때 단비가 쏟아진다면 전설이 현실이 될 것 같았다. 그 밤 기적 비슷한 것이라도 일어나 토평저수지의 좌대가 수면에 떠 물이 찰랑이는 상상을 했다.

이어서 실내 관측실로 옮겨 서너 개의 계단을 올랐다. 안내자의 설명대로 대형 망원경 렌즈에서 눈을 조금 떼고 주시하자 고즈넉한 남쪽 하늘을 배경으로 토성이 렌즈에 들어왔다. 토성은 탁구공만한 동그라미 주위를 타원형의 정교한 고리가 감싸고 있었다. 그날의 하이라이트였다. 연한 베이지색 톤의 별은 가로줄 무늬도 선명했다. 사진과 그림에서 보았던 태양계 중 일부가 눈앞에서 현실로 펼쳐졌다. 종이와 스크린의 개입 없이 토성의 민낯을 육안으로 보고 있다는 사실이 믿어지지 않았다. 태양과 너무 멀리 떨어져 온도가 -178°C라는 추운 별, 위성도 모두 얼음덩어리인 토성에 대한 가늠할 수 없는 거리감에 그저 신비할 따름이었다.

밤이 이슥해졌다. 칠흑 같은 밤하늘의 별무리를 남긴 채 귀가를 서둘렀다. 돌아오는 차 안에서 빈센트 반 고흐의 〈별이 빛나는 밤(The Starry Night)〉의 화폭이 떠올랐다. 유난히 별을 좋아했던 그였기에 정신병동 입원 중에도 별이 회오리치는 장면을 그렸으리라. '고흐'의 별은 비현실적으로 물결처럼 일렁였다. 그의 내면의 소용돌이를 표현한 것이라 생각했으나 천문학자들은 작품의 별들이 실제 밤하늘의 별들의 위치와 일치한다고 했다. 당시 '양자리'와 금성, 달이 그림처럼 위치했다니 '고흐'의 그림은 사실에 근거한 밤하늘이었다.

평소 비가 오거나 흐린 날이면 '돈 맥그린'이 고흐에게 헌정한 〈빈센트(Vincent)〉를 즐겨들었다. 별자리를 관측한 날 밤은 불행한 삶을 살다 간 고흐의 캔버스와 노래가 심야의 차창을 넘나들었다.

어느새 차는 마곡나루역에 접어들었다. 그 사이 별은 자취를 감추었다. 다른 땅으로 이송된 기분이었다. 자정이 넘었으나 고층아파트에서는 직사각의 흰빛이 창문에 가득찼다. 사람들이 저마다의 편의를 위해 스위치를 올리자 별이 사라진 것이다. 고흐의 그림도 환영幻影에서 사라지고 '돈 맥그린'의 노래도 멈추었다.

별은 우주에 널려 있는 것들 중 반짝이는 것들의 통칭으로 스스로 빛을 내거나 다른 것으로부터 빛을 받아 반사시킨다. 언제부턴가 사람들은 저마다의 필요와 욕망으로 네온과 조명을 밝혔다. 앞 다투어 자신을 드러내자 별이 스멀스멀 자취를 감추었다. 도심 하늘에서 빛나야 할 것들은 모두 다른 하늘로 승천해버린 것일까.

반짝이지 않는다 해도 별은 별이다. 별이 사라진 밤하늘을 보며 내 곁에 있었기에 잊고 있던 소중한 것들을 떠올렸다. 늘상 같은 모습으로 있다고 반짝이지 않을 거라 생각했던 것들은 꼽아보았다. 열 손가락을 헤아리고도 남았다. 내 마음은 어느 새 반짝이지 않는 별로 가득찼다.

"후둑, 후두둑." 빗방울이 들기 시작했다. 긴 가뭄도 끝이 보였다. 한적해진 도로를 달리는 차는 속도를 내기 시작했다.

정리는 아무나 하나

‘직장도 가정도 야무지게 정리하는 셀프 정리 수납’ 연수 안내를 받았다. 그런 것까지 배워야 하나 반신반의했으나 ‘야무지게’라는 형용사에 끌려 덜컥 신청했다. 정리 방법이 사진과 함께 제시된 체계적인 교재를 보니, 세상에 배울 것은 많았다. 정리의 기본은 ‘버리기’와 ‘접기’로, 불필요한 것들을 버려야만이 수납 공간이 확보되었다.

수업 1차시는 옷장, 서랍장 정리였다. 양말은 물론 속옷까지 접는 방식이 달랐다. 싱크대 서랍에서 방황하던 봉지들은 다소곳이 접혔다. 이불은 두께와 크기에 따라 2단과 3단 접기로 구분했다. 수건도 호텔의 그것처럼 변신했다. 옷장, 거실, 주방, 욕실의 정리 전·후

사진을 강사의 휴대폰으로 보내는 것이 과제였다.

정돈된 옷장과 서랍을 열면 삶의 질이 높아진 듯 스스로 대견했다. 마침 새 집에 입주했던 터라 누구에게라도 자랑하고 싶었다. 그 무렵은 접기에 중독되었다.

나의 '접기 삼매경'에 반기를 든 자가 나타났다. 남편이었다. 한 손에 들어오게 접힌 양말과 속옷은 날마다 신거나 입을 텐데 그럴 필요가 있느냐는 시큰둥한 반응이었다. 야무지게 접힌 것들을 홀대했다.

정리 수납 강사는 '배출이 먼저!'임을 강조했다. 버리지 않으면 공간을 확보할 수 없다는 당연한 논리였다. 그 무렵 휴대폰에는 메모리 용량이 부족하니 청소 어플을 받으라는 경고가 떴다. 마침 긴 여행을 앞둔 터라 사진 저장을 위해 불필요한 다운로드 기록과 주소록 등도 정리하려던 참이었다.

주소록을 열었다. '강' 씨로 시작한 자 · 모음의 행렬이 이어졌다. 기억에서 가물가물한 이들도 나를 기억하겠느냐며 웃었다. 연락처를 삭제하시겠습니까?"에 이어 '취소'할 것인지 '삭제'할 것인지를 재차 묻자 갈등에 휩싸였다. 대단한 결단이 필요한 일처럼 망설이다가, 구렁이 담 넘어가듯 주소록에서 슬쩍 빠져나왔다. 거북한 상대와는 가급적 접촉을 피하는 나의 흐미죽죽한 인간 관계의 양식이 그대로 드러났다. 주소록은 줄이지 못했다.

평소 사람과의 관계는 모서리를 맞추어 각을 제대로 접지 못했다. 솟구치는 욕망을 삭제해가며 내 마음을 접는 일도 만만치 않았다.

며칠이 지나자 싱크대 서랍과 옷장은 적당한 혼수상태인 본모습으로 돌아왔다. 정리는 아무나 하는 일이 아니었다. 관계정리 무자격자인 내게 몇 주 후 '정리수납 전문가 2급 컨설턴트 자격증'이 발급되었다. 명백한 허위성 자격이었다.

양화진에서

–나목의 열정

키 작은 나무 한 그루가 강바람을 견디고 있었다. 잎을 떨군 나무들은 엇비슷해 보였으나 신갈나무였다. 겨울나무의 꽃눈을 보기 위해 그곳에 간 곳처럼 유심히 바라보았다. 곁가지에서 잎겨드랑이를 파고든 꽃눈이 V자 형태의 비늘조각으로 불규칙하게 포개져있었다. 솜털로 싸인 연갈색 꽃눈은 여리고 보드라워 보였다. 간신히 매달린 그것들을 감싼 아린芽鱗은 조만간 줄기에서 벗어날 태세였다.

꽃눈 역시 아린으로 한 겨울을 보호 받았으면 그뿐, 떠날 때를 알고 있었다. 남은 추위가 만만치 않을진대 성급한 꽃눈은 보드라운 털옷을 벗어야 한다.

어제만 해도 영하 13도를 오르내리던 강추위였다. 아린은 지난주의 한파를 거뜬히 이겨낸 꽃눈의 저력을 믿은 것이 분명했다. 한파와 강바람으로부터 꽃눈을 며칠만 감싸준다면 그나마 안심이었겠지만 자연의 순리를 알지 못하는 나만의 생각이리라. 신갈나무의 아린은 봄에 서둘러 틔워낼 연둣빛 잎과 열매를 믿고 있었다. 매달렸던 줄기의 꽃받침에 대한 무한한 신뢰가 아니고서는 이 날씨에 꽃눈을 밀어낼 수 있으랴.

이후 맞이할 개화와 열매는 꽃눈의 몫이다. 아린이 제가 감싼 것들을 밀어내야만이 꽃눈은 잎과 꽃으로 세상에 얼굴을 내밀 것이다. 숨탄 것들의 체화된 유전자의 신비로움은 인간 상식 밖의 영역이다. 여린 꽃눈과 아린은 위대했다.

나무는 여름부터 오늘을 예견했으리라. 겨울에 대비해 잎과 열매를 버리는 것은 종種의 보존 본능이다. 지난 가을에도 부족한 수분과 햇빛만으로 생존하기 위해 떨켜를 통해 잎을 보냈다. 덕분에 과하지 않은 단풍으로 견디었으나 그것들조차 미련없이 떨구었다. 겨울나무는 욕심을 덜어낸 사람의 맑은 얼굴처럼 청정했다.

삭풍을 견디며 직립으로 겨울을 버틴 나무만이 겨울나무라는 칭

호를 얻는다. 부사며 형용사를 모두 떨쳐낸 홀가분한 문체文體로 거듭난다. 나목裸木은 강변의 하늘을 종이 삼아 간결한 문체로 무언가를 써내려갔다. 온몸으로 진지하게 밀어붙인 문장만이 공감할 수 있다. 수식과 포장을 거두어낸 진정성이 담긴 문장은 겨울나무의 앙상한 줄기처럼 핍진하게 가슴에 파고든다.

문장이 간결하다 하여 그것에 담긴 의미가 단순한 것은 아니다. 잎과 꽃을 떨구었어도 생에 대한 열정이 희석되진 않았다. 양화진 순교자 묘역의 나무는 그곳에 묻힌 이들의 헌신과 열정을 기억한다는 듯 묘비 지킴이에 부족함이 없었다.

—바람의 순례지

버거운 세상의 속도에서 비켜나고 싶을 때면 양화진을 찾는다. 명분과 실리를 잠시 잊어도 좋은 곳은 선교사 묘역이다. 버드나무 흐드러진 아름다운 포구였기에 양화진楊花津이었으리라. 한강변을 따라 버드나무가 숲을 이루었을 옛 정취를 떠올린다.

강바람이 양화진을 배회했다. 바람에게도 그곳이 순례지였을까. 묘비들 사이로 난 크고 작은 길을 걸었다. 비석에 음각으로 새겨진 순교자의 헌신을 기록한 업적은 언제나 처음인 듯 다른 파장으로 내 마음에 저장되었다. 그들의 묘비명에 담긴 사연에 발길을 멈추곤 한다.

한국인보다 더 한국을 사랑한 헐버트(Hulbert Homer. 1863~1949)는 "웨스트민스터 사원보다 한국에 묻히고 싶다."라는 유언에 따라 그곳에 잠들었다. 명문 사학을 설립한 언더우드와 아펜젤러를 비롯한 선교사와 그들의 가족이 안장되었다. 묘비 주인의 삶은 비록 몇 줄로 요약되었지만 우리의 근대사가 그들에게 빚진 것은 헤아리기 어렵겠다. 삶의 소중한 한때를 우리의 역사에 바친 순교자들은 이 땅의 매서운 강추위를 영혼과 육신으로 견디었다. 미개했던 이 땅의 조상들에게 개화의 꽃순을 틔우는 보호막이 되어 주었다.

단 하루 만에 승천한 영혼도 있다. 유언 한마디 남기지 못했을 어린이 묘역에서는 더욱 숙연해진다. 당시 선교사의 자녀들은 열악한 의료 여건 때문에 사망하는 일이 많았다. 꽃눈으로 맺히기 전 선교지인 이국에서 피붙이를 보내야 했던 이들의 심정을 헤아리는 일은 쉽지 않다. 그곳에서는 옷깃을 여미게 되는 것은 강바람 때문만은 아니다. 어린이 묘역을 지나 오르막을 걸었다.

—아린을 보내며

깜냥이나 의지와는 무관하게 만물의 영장으로 분류된 나는 보내야 할 것들을 품고 있다. 겨울나무보다 미숙하여 삶의 지혜를 터득하지 못한 터였다. 늦가을에 떨켜로 보내야 했던 잎들에 대한 추억을 새김질했다. 자연의 순리 앞에서 조촐해질 것을 망설이다 선뜻 밀어내지 못했다.

경제적 독립으로 분가한 아들녀석은 나의 시위를 떠났다. 소식 없는 주말에는 녀석이 궁금하다. 품을 떠난 딸을 보낸 마음은 허전하다. 그들은 이미 나의 우산을 벗어났으나 미련인지 어리석음인지 보내지 못했다.

겨울나무의 아린을 망연히 바라보았다. 아린은 손톱만큼 작은 꽃눈의 드러나지 않은 생명력을 신뢰했다. 갓 눈뜬 어린 것들을 밀어내는 아린의 결단은 우렁우렁 잎을 매단 나무를 기약하고 숲을 이룬다. 지금 밀려나는 아픔을 겪은 꽃눈은 누군가의 고통을 품어주는 실한 가지로 성장하리라. 머나먼 이방인의 나라에 달려와 가족과 함께 묻힐 만큼 우리나라를 아꼈던 저들이 밀어낸 아린은 나라를 바로 세우는 선각자를 키워냈다. 그들이 틔운 꽃눈은 나라를 바로 세우는 데 기여했다.

양화진을 뒤로하고 1100번 버스에 올랐다. 올림픽대로를 지나며 그동안 감싸고 있던 아린을 보낼 목록을 차창 밖으로 날렸다. 겨울 꽃눈을 감싸던 비늘 조각이 바람결에 흩어졌다.

3부

떡 이야기

쑥버무리 없는 봄도 봄일까

산책길에 나섰다. 긴 겨울에서 깨어난 대지는 봄맞이로 분주했다. 언덕배기의 경사진 화단도 며칠 전에 비해 성글어진 흙 사이로 들숨과 날숨을 내쉬었다. 나도 덩달아 심호흡을 시작했다.

모종 준비가 한창인 안양천 화단은 작년만 해도 '신길동', '여의도동', '문래동'…. 등의 팻말이 즐비했다. 동네 대항 경기 선수단을 연상케 했다. 이웃의 화단을 의식하며 피운 그들의 꽃 전쟁은 향기전戰이었다.

금년의 팻말엔 동네 이름이 사라졌다. 대신 '금계국', '벌개미취', '물싸리'와 같이 꽃 실명제가 실시되었다. 꽃들의 빗발친 항의가 반영되었으리라. 얼마 후면 제 구역에서 다투어 피기 시작하겠지. 그것을 관전하는 복은 발품을 판 이만이 누릴 수 있다.

꽃길을 버리고 천변으로 향했다. 청둥오리의 움직임을 따라 서서히 거닐다 솜털에 싸인 여린 쑥을 보았다. 쑥버무리가 생각나 걸음을 멈추었다. 체화된 미각의 부름에, 잊고 있던 일을 찾아낸 듯 엉거주춤 앉아 쑥을 뜯기 시작했다. 채 여물지 않은 포기마다 봄내음이 퍼졌다.

집에 오자마자 멥쌀 두 줌을 물에 불려 믹서기에 넣고 갈았다. 쌀가루에 손질한 쑥과 설탕, 소금을 넣어 버무렸다. 그것을 넣은 찜솥에 김이 오르기 시작하자 비로소 나의 봄이 거실로 번지기 시작했다. 익은 정도를 가늠하기 위해 뚜껑을 열었다. 방앗간에 다녀온 세련된 떡은 아니었으나 재료가 어우러져 그럴싸했다. 한 입 베어보니 쌉싸름한 쑥과 달콤한 쌀가루가 입안에서 웃었다. 쑥버무리는 식재료가 서로를 배려하는 미덕을 잃지 않았다.

쑥은 피를 맑게 하고 몸을 따뜻하게 해준다. 성인병 예방과 다이어트, 위장 장애에 도움을 준다니 그만한 먹거리도 드물다. 가장 큰 매력은 도처에 널려있다는 점이다. 거기에 더해 이렇듯 쌀가루와 만나 손쉽게 버무리로 화합하는 것이야말로 축복받을 만하다.

그날 밤 뜻밖의 저녁 뉴스가 나를 붙들었다. 도시의 천변 등에 자라는 쑥에서 기준치를 넘는 중금속 성분이 나왔다며 유해물질의 부작용에 대해 목소리를 높였다. 뿌리에서 유기산을 방출해 토양 속 중금속을 빨아들이기 때문이라나. 익혀도 오염 물질이 사라지지 않는다니, 봄맞이는 몸을 담보로 단단히 치른 셈이다.

내 손에서 떡으로 승화된 쑥의 변신에 취했던 마음도 잠시, 혼란스러웠다. 들과 산에 지천으로 널린 쑥조차도 함부로 채취해서는 안 되는 하수상한 시절이려니.

아무러면 어떠랴. 쑥버무리 없는 봄도 봄일까. 건강을 위해 제철에 누리는 미각의 호사를 포기해야 하는 아이러니를 어떻게 받아들여야 하나. 아마도 현대인의 몸은 이미 나름대로의 면역체가 형성되었으리라. 평소에도 각종 방부제 등의 유해물질 섭취로 진화를 거듭했을 내 몸의 장기에, 쑥버무리는 미량의 중금속을 선사했다.

그렇다고 쑥버무리를 탓하랴. '들어앉은 샌님도 먹는다.'는 봄떡이 아닌가.

시간이 빚은, 증편蒸片

집으로 가는 길목에 'M'의 영문 로고가 봉우리처럼 솟아있다. 맥도날드 대리점이다. 그곳에서는 3열 횡대로 줄을 서서 주문하면, 세트 메뉴일지라도 빠른 시간에 나온다. 매장 내의 줄서기가 번거롭다면 도로변에 나 있는 쪽문을 이용해도 좋다. 포장 고객 전용 창구다. 가히 패스트푸드의 대표 주자답다. 빠름에 길들여진 우리에게 그런 풍경은 낯설지 않다.

오래전 일본 연수 때의 일이다. 이른 아침, 전철역 부근의 맥도날드에는 노인들이 창가의 1인용 테이블에 앉아 햄버거를 먹고 있었다. 황혼기에 다다른 그들조차 패스트푸드를 먹어야만이 따라잡을 수 있는 세상이 된 것일까.

1980년대 로마의 명소인 에스파냐 광장에 맥도날드가 문을 열었을 때 식생활 문화를 망친다는 이유로 '안티 맥도날드 운동'이 번졌다. 성인병의 주범인 패스트푸드에 반기를 들고 건강한 먹을거리를 되찾자는 취지는 근래의 일이 아니었다. 속도 지향의 현대사회에서 느림의 가치를 추구하는 이들은 많으나, 느리게 살고, 느리게 만든 음식을 먹고 살기가 생각처럼 쉬운 일인가.

빠른 세상의 속도에서 비켜난 떡이 있다. 음력 6월 보름 유두流頭일에 먹는다는 증편蒸片이다. 단면에 기포가 숭숭 뚫린 부드러움이 인상적인 증편은 사시사철 먹기에 좋은 떡이다. 요즘 세상에 제철음식을 구분하는 일은 모호하지만, 고온다습한 여름철 음식이 쉽게 상하는 것을 막기 위해 조상들은 술을 발효시킨 증편을 만들었다.

증편을 만들기 위해서는 건너뛸 수 없는 발효 과정이 있다. 쌀가루를 술로 반죽하여 오지그릇에 담아서 뜨거운 아랫목에 덮어둔다. 여덟 시간 정도 지난 후 기포가 생기면, 증편 틀에 반죽을 부은 다음 석이, 대추, 잣 고명을 예쁘게 뿌려서 쪄낸다. 따라서 약간의 술내와 은근한 신맛과 단맛이 난다. 지방에 따라서 기주起酒떡, 기지떡, 술떡이라고도 불린다.

최근 한 프랜차이즈 떡집은 발효식품의 붐에 편승하여 '발효 증편'

을 판매 중이다. 발효 과정을 거쳤기에 소화가 잘 될 뿐 아니라 열량은 낮다. 떡 중에서 유일하게 거친 발효 과정은 부드러움에서 빵에 뒤지지 않아, 떡의 식감이 이에 들러붙는다며 싫어하는 서양인들도 증편은 선호라는 편이란다.

거기에 더해 증편이 진화했다. 증편에 햄, 치즈 등을 넣어 샌드위치로 만들거나 프라이팬에 살짝 익혀 토스터오븐에 구워 조청을 찍어 먹는 등 다양한 방법으로 즐기고 있다. 서구적 입맛에 맞춤한 떡으로 우회한 새바람은 좋은 일이다. 증편의 변신은 무죄겠지만 왠지 서먹하다.

증편의 맛을 알았을 때는 어른이 되고 나서다. 막걸리를 넣고 만들어서 향긋한 술맛과, 새콤하면서도 달짝지근함이야말로 삶의 맛이 아니던가. 요즘은 빠른 발효를 위해 술 대신 이스트 등을 쓰기도 하지만 술을 따라올 수 있으랴. 이렇듯 세상엔 대체할 것도 많지만 생략해서는 안 되는 것도 있다.

증편은 기다림의 떡이다. 정성과 시간을 투자하지 않으면 맛볼 수 없는 떡, 빠름을 틈탄 각종 패스트푸드가 늘어나는 틈에서, 스펀지처럼 보드라운 떡 조각이 조곤조곤 말을 건낸다.

"기다림 없이 얻을 수 있는 일이 세상에는 많지 않다."고.

떡 중의 떡, 팥시루떡

보기 좋은 떡이 시선을 끈다. 떡 전문점의 진열장에는 제맛으로 무장한 떡이 먼저 선택되기를 기다린다. 핑크빛 하트나 초록색 완두콩으로 장식한 백설기, 호두나 아몬드를 고명으로 올린 떡을 보면 나도 모르게 침이 고인다.

그중 손이 먼저 가는 것은 화려한 장식이 돋보이는 떡이 아니다. 팥시루떡이다. 나의 미각이 기억하는 전통에 빛나는 팥시루떡은 짜거나 지나치게 달지 않다. 다양한 맛이 넘쳐나는, 맛의 춘추전국시대지만 떡 맛은 변함이 없다. 오래전 채록되었으나 명명되지 못한 어머니의 냄새에 가깝다.

어린 시절의 떡은 일상의 단조로움에서 비켜선 음식이었다. 팥시루떡을 하는 날이면 집안이 술렁거렸다. 그런 날은 다른 음식도 준비하게 마련이어서, 빈도수가 늘어난 아버지의 헛기침에도 경쾌함이 묻어있었다. '진돌이'는 검고 반지르르한 코를 킁킁거리며 엄마의 주변을 맴돌았다. 나는 그런 분위기에 편승해 숙제 따윈 잠시 잊어도 좋았다.

떡에는 지나칠 수 없는 공정이 있다. 불린 쌀은 방앗간 롤러의 극심한 마찰을 견디고 고운 가루로 거듭난다. 시루 밑바닥에 면 보자기를 깔고 떡을 안치기 전 명심할 일은, 체에 내린 쌀가루에 소금물을 넣은 반죽이 적당해야 한다는 것이다. 가루를 주먹으로 쥐어보아 덩어리가 쉽게 부서지지 않을 정도면 좋다. 거기에 더해 시루떡에 붙일 이름에 걸맞은 부재료가 필수다. 팥시루떡에는 삶은 팥을, 콩시루떡에는 연노랑의 콩가루가 제격이다. 쌀가루와 부재료를 켜켜이 안친다. 찜기와 시루 사이는 반죽한 밀가루를 길게 늘여 밀봉한다. 시루편이다. 이제 행복한 기다림을 견디는 일만 남았다. 잔치 분위기가 절정을 이룰 그 때쯤이면 엄마는 지침을 시달했다.

"떡 안쳤다. 밴소(화장실) 가지 말그라."

그 목소리에는 여느 때와는 달리 권위가 묻어있었다. 익히는 동안 뒷간을 들락거리면 부정을 탄다던가. 설령 제조 과정에서 오류가 있더라도 누군가가 화장실에 갔다면 설익은 책임은 그에게로 돌아갔으리라. 한 켜, 한 켜 쌓인 재료는 수증기로 인해 서로 어우러져 맛깔나는 색으로 변한다. 요즘은 전기를 이용한 찜으로 공정이 간소화되었으니, 기다림의 밀도도 다르지 않을까.

팥은 액땜 전문 식재료다. 팥시루떡은 귀신을 물리치고 액운을 막아준다고 하여 개업이나 이사, 고사떡으로 사랑받았다. 예비신부가 함을 받을 때면 액막이로, 백일상과 돌상에서는 아이가 잡귀를 물리치고 건강하게 자라기를 기원하였다. 지금은 없어진 풍속이지만 음력 10월이면 집안의 평안을 빌며 대청마루와 부뚜막, 장독대 등에 팥시루떡을 놓고 고사를 지냈다. 사업 번창과 가화만사성에 이르기 위해서는 시루째 등장했던 먹거리이자 제물이었다.

요즘은 너나없이 고단한 삶을 토로한다. 치유할 일도 많아졌는지 '힐링(healing)'이니 '테라피 (therapy)'니 하는 말이 빈번하다. 치유와는 다소 거리가 있으나 팥이 주재료인 팥시루떡을 떠올리면 마음에 부적 하나 붙인 양 든든하다. 덩달아 정체를 알 수 없던 불안함은 희미해지고 심리적 경계는 무장 해제된다.

전통에 빛나는 액땜 음식인 팥시루떡의 공은 지대하다. 떡 중의 떡이다.

호박떡만 같아라

돈나무가 이 년 남짓 거실 한켠을 차지하고 있다. 줄기를 따라 마주보며 긴 잎을 왕성하게 키우는 녀석의 생명력은 인정하지만, 그렇다고 뜻밖의 돈이 들어온 일도 없으니 유명무실有名無實에 가까운 식물이 아닌가 싶다.

그 화분 옆에 다소곳이 몸을 낮추고 퍼더앉은 청둥호박이 눈에 들어왔다. 이름도 무던한데다 나무의 위세에 짓눌려 그동안 주목을 받지 못한 터였다.

묵직하겠거니 짐작하며 녀석을 품었다. 의외로 가벼웠다. 내가 게으름을 피우던 내내 건조한 실내에서 제 몸의 물기로 버티고 있었다. 묵묵히 앉았던 인고의 시간 덕분에 감량했다면 호박의 다이어트는 성공한 셈인가.

껍질을 벗기고 절반을 갈랐더니 호박은 내란內亂 중이었다. 진주홍 실핏줄이 씨와 얼크러져 울부짖고 있었으나 소리는 들리지 않았다. 물기를 잃은 속살은 그나마 식재료로 쓸 만한 것이 다행이었다. 죽을 끓일지 떡을 할지 궁리 끝에 얼마 전 시골에서 가져온 쌀가루를 떠올렸다. 난생처음 호박떡에 도전장을 내밀었다.

골마다 칼을 디밀었으나 탱탱한 긴장감은 없었다. 탈수되어 쉽사리 칼을 받아들이는 것이 안쓰러웠다. 주황색 아치 모양의 연속 무늬가 도미노 칩이 되어 차례로 쓰러지기 시작했다. 나는 신종 예술 장르의 퍼포먼스 개척자인 양 우쭐해졌다.

소금간을 한 쌀가루를 고운 체에 내렸다. 미리 김을 올리기 시작한 찜솥에 면 보자기를 깔았다. 쌀가루와 얇게 썬 호박, 삶은 팥을 한 켜 한 켜 앉혔다. 30여 분이 지나자 얼치기로 급조한 것치고는 아쉬운 대로 먹을 만했다. 쌀가루와 팥고물을 만나 몸을 푼 노란 호박은 다른 재료와 한 몸이 되어 있었다. 수증기 속에서 인고의 시간을 견뎌낸 때문이었을까. 그들은 동질감으로 충만해 보였다.

어릴 적 대청마루에는 '호박의 자부'라는 출처 불명의 글귀가 적혀 있었다. 우리 형제들은 그것을 쳐다보다가 가훈처럼 외울 정도가 되었으나 어린 내가 받아들이기엔 다소 무리였다. 성인이 되어 비로소 공감하게 되었다. 호박이 오래전부터 외모지상주의를 경계하고 있었다니….

호박꽃이 꽃이냐 비웃음을 받고요
울퉁불퉁 둥글납작 내 용모 보기 흉해도
겉만 보고 속단 말 것
사람 아닌 호박입니다.

이렇게 시작한 글은 자신이 지닌 맛과 영양, 인내심, 원만함을 자랑하고 있었다. 마음씨 둥글어 모가 없으니 겉과는 달리 속은 예쁘다는 자화자찬으로 끝났던 것으로 기억한다. 그것과 어울리는 이발소풍의 바탕 그림에는 청둥호박이 과장된 울퉁불퉁함으로 액자의 중심을 차지했다. 주변에 흐드러진 노란 꽃은 시간의 흐름을 초월하여 다른 계절이 공존했다.

섞임은 떡의 미덕이 아닐까. 쑥이면 쑥, 팥이면 팥…. 떡이라는 이름이 매겨지면 어느 한 가지가 도드라지지 않고 서로 부대끼며 한 덩이로 거듭난다. 잘 익은 호박을 숭숭 썰어 넣으면 적당히 뭉그러져 산뜻한 노란색이 조화로운 호박떡이 된다. 식용색소일지라도

색의 조화를 이루며 무지개떡이라는 현란한 이름으로 환생한다.

많은 이들은 존재감이 드러나지 않으면 불안해한다. 동료가 두각을 나타내면 좌절하는가 하면, 어느 곳에라도 이름 석 자 올리기에 급급하다. 쌀가루와 고물과 제 몸이 섞여 어느 것 하나 잘난 체 아니하고 온전히 떡으로 환생한 식재료들의 미덕은 가히 존경스럽다. 호박떡이 지닌 덕이야말로 이즈음 우리에게 필요한 가치가 아닐까.

오메기떡, 떡의 알파요 오메가

연전에 제주 공항에서 김포행 비행기를 기다리는 중이었더라. 여행의 아쉬움을 추스르던 차, 일행이 사온 정체불명의 떡이 있더라. 팥이 일부만 으깨지고 대부분은 말똥말똥한 눈으로 떡의 겉면에 옹골지게 붙어있더라. 떡의 부재료가 되기를 거부한 채 당돌한 얼굴로 바라보던 떡이 나와 눈이 딱 마주쳤더라.

이름을 묻자 생소했지만 왠지 친근하게 느껴지던 오메기떡이더라. 뜻밖의 일로 놀랐을 때 나도 모르게 튀어나오는 의성어 '오매!'도, 민물고기 '매기'도 아니더라. 떡 이름을 처음 들었을 때는 질펀한 향토 말이 주는 어감에 쑥개떡처럼 모양새에 신경 쓰지 않고 대충

만들어 익혀내는 그런 떡인 줄 알았더라.

팥시루떡이 아닌 바에야 앙금으로 숨어 겉으로는 얼굴도 내밀지 않던 팥이 아니던가. 거피되어 자취가 모호한 부재료에 머무르지 않을 권리를 드디어 찾았음에 똘망똘망한 팥알맹이가 유난히도 돋보이더라.

그 후 일 년에 두어 번은 제주의 특산이라는 오메기떡을 찾게 되더라. 인터넷으로 주문하면 사흘을 넘기지 않고 스티로폼 상자에 담겨 냉동 주머니와 함께 배달되더라. 전통 떡조차 IT 강국의 시혜를 받게 되니 우리나라 좋은 나라가 아닐쏜가. 세련되게 상품화되어 내 앞에 배달되는 떡 포장에 담긴 설명서도 한 번쯤은 읽게 되더라. 데우거나 해동해서 먹는 다른 떡과는 달리 살짝 얼린 상태가 맛이 더 좋다는 매뉴얼에 반신반의하였던 바, 냉동 보관했다가 실온에 살짝 녹여 먹으니 그 또한 별미더라.

수수팥단지의 변형인가 했더니 그것의 유래는 쌀이 귀하던 시절로 거슬러 올라가더라. 제주도에서 오메기술을 만들다가 남은 좁쌀로 만들기 시작했다던가. 가루 내어 반죽한 좁쌀을 둥글게 굴려 콩가루를 입혔다는데 빨리 익도록 가운데 홈을 냈다니 선인들의 지혜가 돋보이지 아니한가. 거기에 더해 최근에는 좁쌀과 찹쌀, 쑥을 섞어 떡을 만들고 팥앙금을 넣고 빚어 통팥을 묻힌 형태로 발전했더라.

오매기떡은 한두 개만으로도 속이 든든한데다, 영양이 풍부하니 손쉬운 먹거리로 손색이 없더라. 근래에는 다양한 입맛에 맞추어 진화를 거듭하여 쑥 대신 한라봉이나 팥고물에 견과류를 섞기도 하더라. 그러나 쫀득하면서 구수한 원래의 오메기떡 맛을 기억하는 나의 미각에는 개량종 떡이 미치지 못하더라. 그러나 전통에 매이지 않고 변화를 거듭한 것이야말로 지금껏 잘 팔리는 상품이 된 이유가 아닐쏜가.

이만하면 오메기떡은 떡의 알파요 오메가가 아닌가.

단순함의 미학, 절편 예찬

전통찻집에 앉았다. 차에 곁들이는 메뉴 선택에 잠시 망설이지만 대부분 절편을 주문한다. 대추차의 단맛을 넘어서거나 부담스럽지 않아서다. 다양한 풍미나 혀끝을 유혹하는 달콤함은 없지만 씹을수록 담백하고 쫄깃한 맛이 낯익다. 절편은 시루떡, 인절미와 함께 3대 국민떡(?)이라 해도 넘치지 않는다. 쌀과 소금, 물로만 만든 떡이지만 각종 고물 등으로 치장한 떡보다 오랫동안 사랑받는 비결은 단순함이 아닐까.

절편은 찹쌀로 만들었다고 생각하기 쉽지만 주재료는 멥쌀가루다. 찐 쌀가루를 절구나 안반에 넣고 오래 쳐서 차지게 되면 떡살로 누른다. 떡에 살을 부여하는 살박이 과정에서는 채 식지 않았을 때 찍어내야만이 음각과 양각의 무늬가 선명하다. 한 번에 고르게 눌린 떡은 밋밋한 떡살을 선명한 문양의 공예품으로 탈바꿈시킨다. 흰 떡 외에도 데친 쑥이나 모시풀, 삶은 송기를 넣어 색절편으로 변화를 주기도 한다.

경복궁 자경전의 은은한 꽃담에는 여러 가지 무늬로 담장을 쌓았던 조상들의 지혜가 담겨있다. 기와 조각이 진흙에 박혀 빗살무늬나 꽃잎, 격자무늬 등으로 환생했다. 절편의 떡살 문양도 이에 못지않게 다양하다. 국화, 연꽃, 당초문 등의 꽃무늬뿐 아니라 현대적 감각이 물씬 풍기는 기하학적 무늬도 많다.

절편의 살박이에는 미적 요소뿐만 아니라 소원을 담아냈다. 잔칫날을 위한 맞춤형 문양으로는 돌떡에는 부귀다남富貴多男을 뜻하는 잉어를, 혼례에는 원앙이나 다복의 상징인 석류 문양을 찍었다. 환갑에는 장수의 염원을 담는가 하면 절집에서는 연꽃무늬 떡살을 애용했다. "보기 좋은 떡이 먹기에도 좋다."는 식의 단순한 아름다움의 추구에 머무르지 않고 각기 다른 염원을 담은 차원 높은 음식이었다.

청잣빛 작은 접시에 담긴 절편을 들여다본다. 둥근 편은 끄트머리마다 뾰족한 포인트를 살렸는가 하면, 골과 문양이 정연한 네모진 것들도 비슷해 보였으나 조금씩 달랐다. 빗살무늬가 또렷하거나 완자와 수레바퀴 무늬가 조금 얕게 찍힌 것도 있다. 엇비슷해 보이지만 들여다보면 각기 다른 우리네 삶을 닮았다. 포크로 찍기가 망설여져졌다.

절편은 다양한 겉모습과는 달리 공정은 단순하다. 단순함은 우리가 처한 많은 삶의 문제를 해결하기도 한다. 단순함에 이르지 못하는 많은 현대인들에게 단순함이야말로 모든 것의 본질에 근접하는 지름길이 아닌가. 단순함은 오래간다.

판화 작가는 에디션 넘버링으로 진품을 제한한다. 절편의 떡살은 무한 복제를 덕으로 내세운다. 일찍이 생산성까지 의도한 조상들의 지혜가 놀랍다. 가히 속도를 지향하는 자본주의 사회가 선호할 만한 떡이다.

단순함에 무한 생산의 덕을 지닌 절편, 음을 터득한 이에게는 득음得音을 말한다. 떡으로서의 많은 덕을 지닌 절편은 어쩌면 득편得片한 것일까.

만월을 꿈꾸는, 송편

해마다 네 번을 맞이하건만, 계절이 오고 가는 일은 경이롭다. 그 중 가을은 지루한 무더위를 견딘, 숨탄것들에게 주어지는 특별 보너스다. 가을의 하이라이트인 추석은 추수가 끝난 풍성한 절기였기에 떡을 찌고 술을 빚어 수확을 자축했다.

풍족한 추석 음식의 으뜸은 송편이다. 요즘에야 보기 드문 정경이지만, "송편을 예쁘게 빚어야 시집가서 예쁜 딸을 낳는다."며 가족들과 경쟁하듯 송편을 빚었던 경험은 누구에게나 있으리라.

송편은 익반죽한 쌀가루에 풋콩, 깨, 밤 등의 소를 넣고 예쁘게 빚는다. 송편을 '빚는다.'고 말하는 것은 그릇을 빚는 일에 버금가는 일이라고 생각했기 때문일까. 빚은 떡은 솔잎을 켜켜이 놓은 시루에 쪄내는데, 떡에 남은 솔잎자국은 작은 토기의 빗살무늬를 연상시킨다. 은근한 솔내음이 집안을 배회할 때면 명절 분위기는 정점에 이른다. 솔잎이 발산하는 피톤치드는 몸에 이로운 성분이 많다니, 조상들의 지혜를 새삼 가늠해 본다.

송편은 종류만큼이나 유래도 다양하다. 백제의 의자왕 시절로 거슬러 가보자. 궁궐 땅 속에서 올라온 거북의 등에 '백제는 만월이요, 신라는 반달'이라고 쓰여 있었다. 의자왕이 그 뜻을 점술가에게 물었다. 점술가는 백제는 점차 기울기 시작할 것이요, 신라는 차차 만월이 될 것이라 했다니, 신라의 삼국통일로 예언은 입증된 셈이다. 그로 인해 더 나은 미래를 바라는 마음으로 반달 모양의 송편을 빚었다던가.

다른 일화는 숙종 임금의 남산골 순시에서 시작한다. 깊은 밤 글 읽는 소리가 나는 들창을 엿보니 남편을 글을 읽고, 아내는 바느질을 하고 있었다. 그녀는 책을 보던 남편을 위해 아껴두었던 송편 두 개를 건냈다. 가난했으나 서로 사양하는 부부의 모습에 감동하며 궁으로 돌아왔다. 이튿날 임금이 송편을 청하자 수라상의 큰 픈주에 높게 괸 송편이 들어왔다. 어젯밤의 아기자기한 환상이 깨진 왕은 화가 치밀어, "송편 한 픈주를 먹으라니 내가 돼지야?"라며 그릇을 내동댕이쳤다. 그래서 "픈주의 송편이 주발 뚜껑 송편 맛보다 못하다."는 속담이 생겼다던가.

시인 김삿갓은 안정된 가정에 머무를 수 없었던 처지와 궁핍을 풍류로 견디며, 송편에 대한 애잔한 시심으로 그리움을 달랬다.

손에 넣어 굴리고 굴려 새알을 빚더니	手裡廻廻成鳥卵
손가락 끝으로 낱낱이 조개 입술을 맞추네.	指頭個個合蚌脣
금쟁반 위에 봉우리를 첩첩이 쌓아올리고,	金盤削立峰千疊
옥젓가락으로 집어 올리니 반달이 떠오르네.	玉箸懸燈月半輪

방랑 시인에게 송편은 달을 연상케 하는 떡이었다. 달을 숭배했던 선조들에게 송편은 보름달처럼 성숙하고 풍성해지려는 뜻을 담은 반달의 열매였다. 만월의 풍요를 염원하며 보름달 모양으로 반죽을 펴서 그것을 반으로 접어 만드니, 송편 한 개에 보름달과 반달이 모두 들어있는 셈이다.

아련한 추억과 에피소드가 담긴 음식은 세월의 흐름과는 무관하게 특별한 맛으로 각인되어 있다. 도란도란 모여앉아 함께 빚었던 송편에 얽힌 추억은 추억 이상이다. 송편을 빚으며 달맞이를 하던 그리운 형제들…. 이제는 저마다의 삶을 저글링하며 초로의 힘겨운 고개를 넘고 있을 그들에게 안부라도 전해야지

공기 반 앙금 반, 바람떡

참기름이 쓰다듬은 봉긋한 배가 촉촉하다. 공기 반, 앙금 반으로 채워진 반원의 떡은 늘 배가 부르다. 바람 때문이다. 포크로 찍으면 바람이 먼저 찍힌다. 탱탱한 것은 '픽~' 소리가 난다. 떡 자락으로 덮인 두둑한 뚜껑을 한 입 베어 물면 바람이 빠져나간다. 속이 앙금만으로 가득 채워진 떡을 깨물었을 때와는 다른 맛이다. 입 안에 감도는 공기 속에서 자유롭게 유영하는 혀는 공기와 앙금이 섞이는 식감에 사로잡힌다. 쫄깃하다. 바람떡이다.

바람떡은 고운 떡가루를 끓는 물에 버무려 시루에 찐 뒤, 끈기가 생길 때까지 절구에 찧는다. 그것을 적당한 크기로 떼어 도마에 놓고 밀방망이로 얇게 민 다음, 팥소를 한 개씩 넣고 작은 보시기로 언저리를 눌러 반달형으로 찍어 낸다. 만두를 빚을 때와 비슷하다. 쑥을 넣어 비췻빛이 나거나 소나무 속껍질을 삶아 넣은 송기개피떡도 있다. 요즘은 소나무 껍질 대신 주로 연분홍 색소를 넣어 만든다.

바람떡은 말랑말랑하고 맛이 좋아 사시사철 즐겨 먹는다. 계절과 무관한 스테디셀러에 속하지만 바람떡이 금기시되는 잔치가 있다. 혼례날에 먹게 되면 신랑, 신부가 바람이 난다던가. 믿거나 말거나다.

바람이라고 바람風뿐이랴. 바람望은 삶의 축을 세우는 계기가 되기도 한다. 바람이 없다면 무언가를 꿈꾸고 시한부 삶 앞에서 버킷리스트를 세울 수 있을까.

신인 가수를 뽑는 서바이벌 오디션 열풍이 불었다. 우열을 가리기 어려운 출연자들의 실력 못지않게, 심사평이 화제가 되었다. 개성파 뮤지션 박진영은 "공기 반 소리 반"이라는 유행어를 만들었다. 가수 지망생에게 절실한 것은 테크닉보다는 자연스러운 톤이라던가. 발성할 때 공기를 섞어주면 대화하듯 깊은 소리가 날 뿐 아니라 부드럽고 우아하게 들린다니 공기의 위력은 실로 대단하다.

밀도 높은 사유로 충만한 문장으로 이어지는 글을 읽어내는 일은 쉽지 않다. 열정만으로 가득 채워진 사람의 옆에 있는 일은 버겁다.

그럴 때면, '열정 반 여유 반'의 생존법을 들려주고 싶다.

'공기 반 앙금 반'의 바람떡은 주제넘게도 여백의 미를 알고 있었을까. 달짝지근하거나 특이한 재료로 만든 것도 아닌 떡이 유난히 입에 감기는 이유는 바람이었다.

무와 팥이 만났을 때, 무팥시루떡

무팥시루떡은 시루떡의 응용버전이다. 몇 년에 한 번 동지冬至가 초순에 드는 애동지에 팥죽 대신 즐기던 떡이다. 가을 무를 듬뿍 썰어 넣고 쪄낸 팥시루떡은 아이들에게 혹시 닥칠지 모를 액운을 날려 보내기 위해서라던가. 과학적으로 따진다면 달리 할 말은 없다.

맛이나 영양가는 차치하고라도 팥떡이 주는 심리적 상승 효과는 음식이 주는 포만감 이상이다. 굳이 특정한 날이 아니라도 무팥시루떡으로 귀신과 액운을 쫓았다고 생각하면 좋지 아니한가.

떡에 무가 섞이는 것이 생소할 수 있지만 만드는 과정은 의외로 간단하다. 불린 멥쌀가루를 체에 내리고 굵게 채썬 무는 소금에 살짝 절였다가 쌀가루에 버무린다. 찜기에 면포를 깔고 팥고물, 찹쌀가루, 무를 버무린 멥쌀가루 순으로 고루 편 다음 쪄내면 된다.

이 떡을 하기 좋은 절기는 무의 수확시기와 밀접하여 서리 맞은 무가 제맛을 내는 김장철이 적절하다. 여기에서 부재료격인 무의 역할은 단순하지 않다. 채썬 무로 인해 떡이 설익지 않고 무가 씹히는 들큰한 맛과 부드러운 식감은 목 넘김을 부드럽게 해준다. 쌀이 부족하던 시절에는 무를 넣어 양을 불려 먹었다지만, 자연 식재료를 선호하는 요즘엔 이조차 별미다.

거기에 더해 무는 주재료인 멥쌀에 부족한 비타민 C를 보충해주고 디아스타제라는 효소로 소화를 도와준다. 무가 나복羅葍이라는 이름으로 처음 등장한 곳은 ≪동문선東文選≫에 전해오는 고려 문신 백문보가 지은 오언고시이다. 무를 "맛이 담백한 뿌리로 참으로 먹을 만하여라."라고 했다니 그 시절에도 매운맛을 개량한 무가 재배되었음을 짐작해 본다. ≪본초강목本草綱目≫에도 빠지지 않았다. 위산과다증을 다스리고 술독을 풀어 주며 무즙을 마시면 설사가 멎는다고 기록되어 그 시절의 무는 약재만큼 중요한 채소임을 짐작케 한다.

다른 재료의 역할도 만만치 않다. 팥에 함유된 비타민 B_1은 체내에 흡수된 당질 연소와 불필요한 수분을 배출하게 해준다. 찹쌀의 따뜻한 성질은 소화기관인 비위를 강하게 하며 기운을 내게 하는 효능이 있다니 재료들의 상승작용은 가히 건강식이라 불려도 손색이 없겠다. 그만한 음식 궁합도 드물다.

그래서였을까. 궁중음식에서 절대 빼놓을 수 없는 후식이었다. 정조대왕의 어머니 홍대비洪大妃도 무팥시루떡 애호가였다.

올겨울엔 대비마마의 애용식을 맛보는 즐거움을 누려볼까나.

아라리와 수리취떡

천지가 봄이던 작년 5월, 정선을 찾았을 때는 마침 '수리취떡 문화축제'가 열렸다. 떡이 허기를 채워주는 단순한 먹거리를 벗어나 다양한 지역문화를 즐기는 축제의 테마로 자리매김한 것이다. 그도 그럴 것이 수리취는 700m 이상 고산지대에 자생하는데 해발이 높은 지역인 정선에서 주로 생산된다.

백두대간의 깊은 곳, 강원도 남동쪽인 정선에는 한강까지 내려갈 강물이 숨을 고르며 넘실댔다. 엿장수의 가위질 소리가 요란한 5일장에는 이름을 알 수 없는 산나물과 약초들이 즐비했다. 약초의 효능을 소개한 안내 문구만으로도 건강해질 것 같았다.

세련미 넘치는 문화해설사가 낭창낭창한 저음으로 부르는 "아리이라앙~ 아라아리이오~."는 느린 흐느낌으로 파고들었다. 그녀는 불러주기에 그치지 않고 함께 부르게 했다. 〈정선아리랑〉 전도사였다. 축제의 하이라이트인 공연장은 마음까지 느슨해진 관광객의 여유와 지역민이 흥으로 어우러졌다. 질펀한 아라리 가락은 숙소에까지 따라와 더러는 창문으로 빠져나갔으나 꿈결에서도 가물가물했다.

이른 아침 아우라지 강가를 산책했다. 길고 평평한 나무를 엮은 뗏목에도, 바람을 가르며 달리는 레일바이크에도 아리랑이 파고들었다. 정선에 머무는 이틀 동안 열 번 남짓 듣다보니 나도 모르게 흥얼거리고 있었다. 읍내 곳곳에서 정선의 대표 먹거리인 수리취떡의 시식을 권하며 떡의 홍보에 공을 들였다.

수리취떡은 궁중에 진상되었던 귀한 떡으로 절기 중 으뜸인 단오의 대표적 음식이다. 삶아서 물기를 짜낸 수리취와 불려서 빻은 멥쌀가루를 버무린 후 쪄낸다. 그것을 절구에 찧어 수레바퀴 모양의 떡살로 찍어내어 차륜병車輪餠이라 불린다. 찍어낸 떡에 참기름을 바르면 향긋한 내음이 코끝에 머물고 윤기도 반지르르하다.

대량 보급이 필수인 요즘에는 낱개 포장으로 간편하게 맛볼 수 있다. 소비자의 입맛에 맞는 수리취떡의 응용버전인 앙금 송편과 인절미는 대용식으로 냉동실에 꺼내어 한두 시간만 실온에 두면 본래 맛 그대로를 즐길 수 있다. 친환경 향토음식으로 그 자리를 굳건히 지키는 이유를 알겠다.

이 떡의 효능은 기대 이상이다. 비타민과 아미노산 섬유질이 풍부한데다 칼슘과 철분이 들어있고 쌉쌀한 맛이 위액 분비를 촉진시킨다. 거기에 더해 혈액순환과 근육, 관절, 통증 개선에 칼로리는 낮다니 식사 대용으로 손색이 없겠다.

수리취떡의 미덕은 어울림이다. 햄버거나 샌드위치의 재료와는 다르다. 그것들은 빵 사이에 켜켜이 포개져 "나 여깄소." 하며 채소와 고기 패치와 피클, 소스마저도 다양한 색상과 모습을 낱낱이 드러낸다. 다른 재료에 묻힐세라 안절부절못한다. 수리취떡은 수리취가 주재료라는 사실이 생각나지 않을 만큼 쌀에 온전히 동화된다. 저를 내세우기보다는 아라리 가락처럼 어우렁더우렁 그렇게 혀에 감기는 수리취떡이야말로 청각과 미각과 시각이 어우러진 떡의 결정판이다.

대수롭지 않은 일상이 주는 고단함과 쓸쓸함이 썰물처럼 빠져나간 어느 흐린 날, 무장 해제된 느슨함을 즐길 일이다. 그런 날이면 아우라지와 여량에서 출렁이던 강줄기처럼 〈정선아리랑〉을 낮게 흥얼거릴 일이다. 혀끝을 희롱하며 입안에서 낭창낭창하게 감도는 수리취떡에 취해볼 일이다. 음식은 추억이다.

나누어도 부족하지 않은, 인절미

유아들과 전통놀이 체험에 나섰다. 주변에서 사라진 전래 풍속은 작정하고 나선 체험마당에서나 볼 수 있는 풍경이 되었다. '투호 놀이'를 마치고 나니 '인절미 체험' 현수막이 우리를 향해 펄럭였다. 그곳에서는 생활한복 차림의 건장한 아저씨가 떡메를 쳤다. 간단한 설명과 동화 속 요술망치를 닮은 떡메를 보여준 후 유아들도 체험하도록 도와주었다.

그것과는 별도로 미리 준비된 떡이 넓은 안반에 펼쳐져 있었다. 곱게 찧어진 흰 찹쌀덩어리가 노랗고 입자가 고운 가루를 만나자 콩가루 인절미가 되었다. 콩가루는 개나리꽃이나 겨자의 노랑과는 다른 품격이 느껴졌다. 물감이나 크레파스에서도 볼 수 없는 특유의 색에 고소한 냄새가 더해졌다.

아저씨는 보란듯이 가마솥 뚜껑을 들었다. 뚜껑의 손잡이와 가장자리를 잡더니 넓게 퍼진 인절미 위를 가로, 세로로 지나갔다. 썰기가 아닌 누르고 굴리기였다. 눌린 줄이 그려질 때마다 떡의 개수가 늘어났다. 아저씨의 손놀림은 녀석들의 환호성에 비례하여 신바람이 묻어났다. 뚜껑이 두어 번 지나간 자리는 엽서 크기에서 네 조각으로 잘렸다. 크기만 작아질 뿐 무한정 나뉠 것 같은 신비의 먹거리였다.

인절미는 잡아당겨 자르는 떡이라 하여 인절병引切餠, 인절미 등으로 불리었다. 그러나 공주지방에서 알려진 인절미의 유래는 1624년으로 거슬러 올라간다. 인조대왕이 '이괄의 난'을 피해 공산성에 머무를 때, 농민 임任 씨가 임금께 찰떡을 바쳤는데 맛이 일품이더란다. 떡 이름을 아는 사람이 없어 임 씨가 진상한 절미로운 떡이라 하여 '임절미任絕味'라 했다던가. 나중에 쉽게 발음하다 보니 인절미가 되었으며, 그 후 큰잔치에 없어서는 안 될 떡이 되었다. 비슷한 일화가 생각난다. 고려의 한 임금이 동해안 피난길에 '목어木魚'라는 물고기를 먹어본 후 그 맛에 탄복하여, '은어銀魚'라 바꾸어 부르게 했다. 그 후 환궁하여 피난 시절의 물고기를 찾았으나 옛날 맛이 아니었다. 이에 왕은 물고기 원래의 이름인 목어로 부르도록 했다는 '도루묵'에 비하면 인절미는 그만한 대우를 받은 셈이다.

찰곡식으로 만든 인절미는 충분히 불린 찹쌀을 쪄서 떡메를 친 뒤 고물을 묻힌다. 찹쌀의 쫀득함과 고물의 콩가루 맛이 일품이다. 고물은 흔히 노란 콩가루를 쓰지만 파란 콩가루나 깨, 거피팥 등 고물에 따라 응용력이 무한한 떡이다.

데친 쑥을 넣은 쑥인절미는 든든한 대용식으로 그만이다. 찰떡을 무른 상태로 냉동했다가 꺼내면 신기하게도 원래의 말랑말랑한 질감이 되살아난다. 찹쌀떡은 조직이 치밀해 소화기간이 길기 때문에 뱃속이 든든하게 느껴진다.

인절미의 활약은 여기에서 그치지 않는다. 신붓집에서 보내는 이바지 음식 중의 으뜸인 오색 인절미는 썰지 않고 길게 만든다. 끈적거리고 잘 들러붙어 인절미처럼 부부관계도 그러하기를 염원하는 의미가 담긴 것이란다. 거기에 더해 시댁 식구에게 며느리의 잘못이 있더라도 입을 봉해달라는 마음도 곁들였다니 음식을 삶에 빗댄 선인들의 해학이 빛난다. 대부분의 현대인은 자신이 살 수 있는 첨단의 시대를 구가한다. 물질 만능의 시스템이 요구하는 속도에서 뒤처지지 않기 위해 숨가쁘게 살아간다. 그 때문인지 무언가를 나누는 일은 부담스러워 한다. 찰떡처럼 차진 인간관계 유지에 시간을 할애

하는 일도 거추장스럽다고 한다. 타인의 일에 관여하지 않는 것이 상대방을 배려하는 일로 여긴다. 성격이나 언행에 거슬리는 것 없이 시원시원한 사람은 쿨(cool)하다는 찬사를 받기도 한다.

이런 시절, 나누어도 부족하지 않은 든든한 먹거리의 상징인 인절미가 시대를 초월하여 사랑받는 것은 당연한 일이 아닌가.

청년의 가래떡

지하철에 앉아 눈을 감고 음악을 듣고 있을 때 이상한 기운이 감지되었다. 나도 모르게 눈을 떴다.

앞자리에 앉은 청년이 무언가를 먹고 있었다. 흰 가래떡이었다. 무릎에 놓인 일회용 용기의 랩을 뜯어내며 두 개, 세 개…. 계속 먹었다. 오물오물 떡을 삼키며 옥수수 음료도 마셨다.

지하철에서 요기를 하는 이들은 드물다. 간혹 작은 빵이나 음료를 조심스레 먹는 이도 있으나, 가래떡은 처음이었다. 서른 남짓으로 보이는 젊은이가 망설이지 않고 떡을 먹는 장면은 생소했으나 신선했다.

무엇이 청년에게 가래떡을 거침없이 먹게 한 것일까. 단순히 배고픔을 달래기 위해서일까. 타지에서 생활하는 사람에게 어머니의 음식은 그리움의 대상이리라. 대도시에서는 계절과 무관하게 널린 것이 먹거리지만 어머니의 손맛을 대체할 음식은 드물다.

그는 사람이 숲을 이룬 대도시에 자신의 나무 한 그루를 뿌리내리기 위해 버티는 중인지 모른다. 그에게 가래떡은 식사 대용을 넘어선 그 무엇이었으리라. 무기력해진 스스로를 재충전하고 멀어진 가족들과 함께 나누던 음식을 추억하기에 맞갖은 먹거리였을까.

추억의 절반은 맛이라던가. 유년의 명절을 떠올리면 방앗간이 빠지지 않는다. 엄마 치마 끝을 잡고 한 줄로 늘어선 광주리의 줄이 짧아지기만을 기다렸다. 우리 차례가 되면 김이 모락모락 나는 매끈한 가래떡이 나왔다. 그것은 마술이고 신세계였다. 가래떡을 싹뚝 자르던 방앗간 아주머니는 행위예술가였다. 그녀는 자신에 대한 나의 막연한 호감을 알고 있다는 듯 물에 젖은 손으로 가래떡 끄트머리를 잘라 내 입에 넣어주는 것도 잊지 않았다. 자로 잰 듯 정렬된 가래떡을 머리에 인 엄마를 따라 읍사무소를 지날 때면 마음이 먼저 집으로 향했다.

가래떡은 재료가 특별하거나 별미는 아니다. 예전에는 가래떡을 만들기 위해 멥쌀가루를 쪘다. 그것을 안반 위에 놓고 자루 달린 떡메로 쳐서, 차진 맛이 생기면 둥글고 길게 떡으로 뽑아냈다. 그러나 이런 과정은 민속마당의 전통음식 체험 코너에서나 볼 수 있는 풍경이 되었다.

요즘은 손만 뻗으면 절기를 벗어난 음식도 취할 수 있다. 대형마트 식품관에서는 한여름에도 추석이나 설을 살 수 있다. 가래떡도 계절과 무관하게 노점의 석쇠에서 노릇노릇하게 구워진다. 구워지는 흰 떡 위의 누릿한 기포를 보면 고향과 가족이 떠오르곤 한다. 음식에 깃든 추억을 가진 사람의 영혼은 얼마나 풍요로운가.

가래떡은 청년의 시장기와 영혼의 허기까지 달래주었으리라. 그가 자신이 속한 사회에서의 챔피언으로 자리매김하기를 바라며 뒷모습을 바라보았다. 어느새 그는 인파에 묻혀 보이지 않았다.

4부

아벨서점

아벨서점

—기억해야 할 인천의 공간

도화역이 창밖에서 멀어져 갔다. 이곳을 지날 때면 김애란의 단편소설 〈건너편〉이 떠올랐다. 우울한 시대 청년의 현실을 대변하던 공무원 시험 준비생이던 주인공 이름이 '도화' 였던가. 그들은 지금 이 계절을 어떤 모습으로 통과하고 있을지 주제 넘은 근심에 휩싸였다.

제물포역을 지나 도원역에 내렸다. 배다리를 향해 터덜터덜 걷고 있을 때 게으른 봄볕이 느리게 따라왔다. 드라마의 세트장에 온 듯한 느낌의 거리에는 낮은 지붕이 어깨를 맞추어 앉아 있었다. 저마다의 소중한 일상을 담은 작고 오래된 집들은 정겨웠다. 보도블럭

틈으로 고개를 내민 민들레가 노란 얼굴로 나른한 거리를 바라보았다. 속도를 벗어난 거리는 수도권 광역시의 역세권이라고 믿어지지 않을 만큼 한적했다. 묵묵히 지나온 시간을 고스란히 간직한 거리는, 과도한 개발을 용납하지 않을 듯 고지식한 표정이었다. 그렇다고 빛바랜 그리움을 소환하려는 듯 유난을 떨지도 않았다.

조촐한 동네 가운데 창영초등학교가 자리잡았다. 백 년의 역사를 간직한 우리나라 최초의 공립보통학교다. 바로 옆으로는 서구식 교육을 열었던 영화학교다. 어느 골목에선가 내 이름을 부르는 친구가 달려 나올 것 같았다. 양조장 건물은 다양한 예술 활동과 도시공동체 사업을 펼치는 스페이스 빔으로 변신했다.

내 유년의 골목에도 양조장이 있었다. 골목이 끝나고 터미널로 이어지는 기점이었다. 아버지의 심부름으로 노란 양은 주전자에 술을 받아오곤 했다. 배불뚝이 양조장 아저씨는 아버지의 안부를 물으며 야구르트색 막걸리를 넘치게 부어주었다. 걸을 때마다 주전자 입에서 막걸리가 출렁거려 다리를 적셨다. 처음엔 하수구 구멍으로 슬쩍 버렸으나, 두세 모금 마시면 넘치지 않는다는 사실을 알게 되었다. 막걸리의 적절한 수위 조절을 위한 정당방위였을 뿐 의도적인 미성년의 고의적인 음주는 아니었다.

어느덧 배다리에 이르렀다. 일제에 의해 매립되기 전까지 뱃터였다는 사실은 동네 이름으로만 남아 있었다. 그 시절 학생들과 지성인들로 북적였을 헌책방 거리는 눈여겨보지 않았다면 자칫 지나칠 만큼 조촐했다.

L 시인의 낭송회가 열리는 '아벨서점'을 찾았다. 헌책방이 퀴퀴한 책의 냄새로 가득한 공간일 것이라 상상했다면 오산이다. 마음을 다해 쌓아올린 탑인 양 바닥부터 천정까지 쌓인 책은 깔끔하고 쾌적했으며, 무엇보다 포근했다. 첫 주인과 인연이 다한 책들이 몸을 밀착시키며 곁눈질을 했다. 누군가의 손길에 의해 다른 서가에 꽂히기를 기다리는 얼굴이었다.

서점 안에 놓인 나무 계단을 올랐다. 목을 꼿꼿히 세운다면 낮은 천장으로부터 자만심을 지적받아 마땅한 높이였다.

고향집의 다락방이 떠올랐다. 다락방에 보관된 물품을 찾는 일은 몸무게가 가벼웠던 내 몫이었다. 방에서 불을 켜고, 부모님이나 언니가 엉덩이를 받쳐주면 가뿐히 기어올라가 필요한 물건을 찾았다. 그곳에는 일 년에 두어 번의 쓸모를 가진 목기木器나 계절을 보낸 물건들이 꾸벅꾸벅 졸고 있었다. 하나씩 들추면 보물상자가 열리듯 했다. "막둥아! 얼렁 내려와!"를 외치는 소리에 낯익은 새로움으로 채워진 공간에서 오래 머물 수는 없었다. 유년으로 되돌아간 기억 찾기는 나무 계단이 다한 곳에서 멈추었다.

'아벨서점'이 주관하는 낭송회는 문인들만의 자리는 아니었다. 가장 좋은 모자를 눌러쓰고 마실 나온 이들의 허연 귀밑머리에서 세월이 건넨 연륜이 베어났다. 어르신들은 큰 활자로 미리 복사된 시를 자청하여 낭송했다. 소박하지만 알찬 소책자는 사유가 응축된 시편들로 채워졌다. 문인들도 L시인의 시를 낭송했다. 시편들은 종이를 벗어나 각자의 심연深淵에서 감당할 만큼 채워졌다.

어둡고 아픈 터널을 지나온 시어詩語들이 정서적 연대와 공감으로 봄눈처럼 녹아내렸다. 햇볕에 눅눅함을 날려 보낸 광목처럼 광채 없이 빛났다. 객석은 L 시인의 다음 시집에 대한 기대감으로 충만했다.

낭송회는 내빈을 초대하여 축사를 청하거나 요란한 홍보로 낭송회를 알리지 않았다. 문학과 '아벨'을 사랑하는 이들이 스스로 모여든 자리였다. '아벨지기'님은 소박하고 편안한 미소로 객석에 앉은 이들에게 안락함을 주었다. 인천이 기억해야 할 무형문화재인 양 존재만으로 특유의 아우라를 발했다.

낭송회가 끝나자, 언제 준비한 것인지 모를 먹거리가 헤어지기 아쉬운 마음을 채워주었다. 아벨은 문학과 삶의 괴리가 멀어지지 않기를 바라는 이들이 활자와 소통하는 문화의 보금자리였다. 처음이었지만 낯설지 않은 공간은 조촐했으나 부족함이 없었다.

올라왔던 만큼 다시 계단을 내려왔다. 서가 측면에 쓰인 "아벨 서점의 책은 추억을 품고 있습니다."라는 글귀도 정겨웠다. 소설과 낡은 영화 관련 도서를 들춰보았다. 머무르고 싶은 공간을 뒤로하고 봄볕이 확산된 거리로 나왔다.

마지막 주 토요일 오후, 허전함을 채울 무언가가 필요하다면, 당신은 오래된 나무 계단을 올라 조촐한 객석에 앉아도 좋다. 소음이 배회하던 저잣거리를 벗어나면 도심의 오아시스 '아벨서점'이 당신을 묵묵히 받아줄 것이다. 오래된 벽돌의 벽면이 주는 안온함은 선사시대 동굴같은 아늑한 세계로 안내할 것이다. 아련한 등불 아래 시간을 잊은 자신을 방치한다면 신산한 삶의 강물에 맨발을 적시며 의연하게 걸어 나온 시인을 만날 수 있다.

시인의 시구가 불러왔던 간절함과 내 몫이 아닐 거라 생각했던 그리움이 나를 수취인으로 하여 배달될지 모른다. 돌아오는 길에는 "아벨, 포에버!"를 낮게 읊조리게 될 것이다.

나부상裸婦像의 진실

—스토리텔링으로 쓰는 인천

—전등사, 1621년

박 씨가 대목大木을 따라 강화도에 온 것은 고려산 진달래가 지천으로 물든 봄날이었다. 공사 책임자였던 대목장 김 씨는 도편수 박 씨를 주막집에 데려왔다. 데려왔다기보다는 인부 서넛과 함께 묻어서였다. 주모가 정족산 기슭까지 흘러들어 전등사 주막집에서 두 번째의 봄을 맞은 때였다.

광해군이 나라를 다스리던 시절 전등사傳燈寺는 큰 불로 인해 부속건물까지 소실되었다. 그 이듬해 봄부터 목수들을 불러들여 절을 재건하기 시작한 터였다.

김 씨는 유독 박 씨에게 각별했다. 주모에게 탁주를 따르게 하고 자신도 그에게만 권했다. 박 씨의 손재주는 인근에서는 소문이 난 터였다. 그가 불사에 관여한 절집은 다섯 손가락을 세고도 남았다. 박 씨는 그를 잊지 않고 불러주는 대목장大木長 덕분에 한 철도 허투루 보내지 않았다.

대목장은 새로 들인 인부들에게 탁주잔을 채워준 후 몇 가지를 당부했다. 어제 대웅전 앞뜰에서 주지스님께 들은 말과 별반 다르지 않았으나 그의 입담에 인부들이 빨려들었다.

"전등사는 말여, 다른 절과는 다르제. 고려 시대 몽고놈들과 맞서 싸운 조상들의 근거지란 말여. 이런 절집 짓는 데 힘을 보태는 일이 아무나 할 일은 아니제, 암만. 부처님께 절하고 공양미 바치는 것이 전부가 아녀. 우리처럼 몸으로 대웅전 기왓장 하나라도 올리는 것이 공덕이여."

그의 부추김에 목수들은 뿌듯했다. 어제 스님의 말씀을 들을 때부터 이번 불사는 수월하게 진행될 것 같은 예감이 들었다. 거기에 김 씨의 추임새까지 더해져 사기충천했다.

그날 밤 모시 바지에 방귀 빠져나가듯 인부들이 사라지자 소쩍새의 울음만 남았다. 주막은 사람이 오고가는 길목이라야 돈 버는 재미도 쓸쓸할 텐데 간혹 국밥을 찾는 약초꾼이나 공사철의 절집 인부들만 드나드는 터라 밤이면 적막했다. 주모는 전등사의 불사가 끝나면 또 어디로 가야 하나 생각하니 막막했다.

도편수 박 씨는 장난기가 넘쳤다. 노란 애기똥풀로 주먹 만한 다발을 만들어 그녀가 불을 지피는 아궁이 언저리에 던진 적도 있다. '휙 ㅡ' 소리만 남기고 사라졌으나 담 너머에서 연장통이 덜거덕거리며 함께 달리는 소리가 들렸다. 주막 뒤란의 연보랏빛 수국을 꺾어와 툇마루에 두고 간 적도 있다.

그가 빗소리를 장단 삼아 마루에 앉아 틈틈이 조각한 원숭이상은 일품이었다. 어른 팔뚝 만한 크기의 그것들은 마치 들숨과 날숨을 쉬는 생명체처럼 보였다. 익살스런 표정의 원숭이상의 용도를 묻자 야릇한 웃음만 지었다. 일이 일찍 끝나거나 비 오는 날이면 드문드문 오가는 이들의 말상대가 되거나 거친 일을 돕기도 했다. 박 씨가 장만해준 장작은 자로 잰 듯 키도 몸피도 고른 것이 땔감으로 쓰기에는 아까울 정도였다. 인부들도 그들의 사이를 눈감아 주었다.

가을이 되자 박 씨와는 이물없는 사이가 되었다. 그는 술에 취하면 같은 말을 되풀이했다. 보령 땅 바닷가에 살던 홀어머니는 돌아가셨으며, 오랫동안 떠돌다 보니 변변한 가정을 꾸리지 못해 혈혈단신이라 했다. 언젠가는 그곳에 작은 집을 지어 살 것이라고 했다.

달빛이 방 깊숙이 들어왔던 보름날, 그날도 질펀하게 몸을 섞고 나란히 누웠다. 그가 작정한 듯 낮은 목소리로 말했다. 자신의 부탁을 거절해도 좋으나 비밀만은 지켜달라는 말도 덧붙였다. 사연인즉 박 씨는 경희궁 별궁 불사가 마무리되던 해 도박판에서 돈을 날렸다. 전등사까지 흘러들어온 것도 노름 빚을 갚기 위해서였다. 판돈을 대주었던 도박꾼은 이 공사가 끝날 때까지 빚을 갚지 않으면 도편수 일을 영영 못하게 만들 것이라고 협박했다. 그 기한이 두어 달 남짓 남았다고 했다. 자신은 낮에는 숙소를 비우기 십상이고 저녁이라야 술에 취하는 일이 다반사라 돈을 맡아달라고 했다. 거기에 더해 술 냄새 풍기는 거친 숨을 뱉으며 이번 일이 끝나면 서해안에서 지는 해를 바라보며 함께 살자고 속삭였다. 원금만 갚는다면 남은 돈으로 작은 집은 지을 만하다고 했다.

이어지는 그의 말에 거대한 음모에 말려든 듯 주모의 심장이 요동쳤다. 그간 모은 돈을 줄 테니 고향집에 먼저 가 있으라고 했다. 대웅전 대들보의 장식과 단청이 얼추 마무리되면 자신도 합류하겠다는 계획도 덧붙였다.

문제는 그 다음 말이었다. 주모가 자신이 맡긴 돈을 갖고 갑자기 종적을 감춘 것으로 소문을 내겠다고 했다. 그 소문에 빚쟁이가 달려오면 사정을 말하고 원금만으로 빚을 청산하겠다는 것이다. 갑작스레 닥친 혼란스러운 상황을 추스르느라 아무 말도 하지 못했다. 그는 돈뭉치를 주모의 치마폭에 밀어 넣었다. 주막의 술값 외에는 씀씀이가 마딘 박 씨가 모은 것 치고는 쏠쏠한 액수였다.

주모는 잠을 이루지 못했고 지난 초파일에 들은 스님의 설법이 떠올랐다. 공사 중인 절의 연등이라야 대웅전 터를 둘러싼 나뭇가지에 매단 것 몇 개가 전부였다. 스님은 공양간 옆에 마련된 임시 법당에서 짧은 설법을 했다. 절반은 알아듣지 못했으나 불교는 부처님에게 무조건 공덕만을 드리는 종교가 아니라고 했다. 사람이 태어나 살고 늙고 죽는 이유에 대해 생각하고, 사는 동안 부딪히는 어려움을 잘 헤쳐나갈 수 있는지 생각하는 것이라 했다. 그러나 사람의 힘으로는 한계가 있으니 모든 것에 집착을 버리고 흐르는 대로 두면 그만이라고 했다.

박 씨의 거대한 음모(?)에 맡겨두는 것이 잘한 일인지 아닌지 판단이 서지 않았다. 그러나 장차 살아갈 방도가 마땅찮은 자신에게도 나쁘지 않을 것 같았다. 게다가 그간 박 씨와는 정이 들었던 터라 내심 솔깃했다. 다만 자신이 야반도주한 도둑년으로 기억된다는 것이 마음에 걸렸다. 바람처럼 살아온 인생, 소문이 평생 꼬리표처럼 붙어 다닐 일은 아니었다. 그 후에도 박 씨는 두어 번 돈다발을 맡겼다.

사흘 후 주모는 초지진뱃터에서 나룻배에 올랐다. 박 씨는 남의 눈을 의식해 배웅하지 않았다. 주모는 그와 바닷가에서 아침을 맞을 생명줄인 전대錢臺에 자꾸만 손이 갔다.

소문은 삽시간에 퍼졌다. 박 씨는 배신감으로 식음을 전폐했다. 눈속임이었다. 사흘 간 일터에 나가지 못하자 인부들의 측은지심은 극에 달했다. 제 일인 양 탄식하며 혀를 끌끌 찼다. 겨우 기운을 추스르며 대웅전의 장식물을 손질했다. 오래전부터 조각해둔 것인지라 마무리는 수월했다. 그의 눈치를 살피는 인부들에게 원숭이 형상은 주모에게 복수하기 위해 그녀가 양팔로 들보를 떠받치며 형벌을 받고 있는 것이라는 말도 흘렸다.

빚쟁이가 단숨에 달려왔다. 대목장 김 씨가 법정대리인인 양 전후 설명과 해결에 나섰다. 결국 박 씨 수중의 돈만 챙겨 갔다. 사람은 살려야 할 것 아니냐며 설득하는 대목장이 넘치게 따라주는 막걸리 잔으로 나머지는 탕감 받았다.

목각상은 박 씨가 유일하게 기억하는 석가모니 전생에 나오는 원숭이다. 한글대장경 ≪육도집경≫에 의하면 석가모니의 전생은 원숭이 왕이었다. 그가 원숭이 무리를 안전하게 지키고자 자신을 희생했다는 이야기를 떠올리며 박 씨는 회심의 미소를 지었다. 석가모니에 대한 원숭이들의 존경심을 나타내기 위해 원숭이인 듯 여인인 듯 조각한 것들이 처마를 받들도록 배치하리라 마음먹었다. 복수심을 감추기 위한 위장술로는 그럴듯했다. 사랑에 눈먼 도편수를 배반한 여인에게 내리는 형벌이라는 소문이 삽시간에 퍼질 것이다.

박 씨는 바닷가에 새로 지을 작은 집을 구상하며 지는 해를 바라보았다.

—전등사, 2017년

한 무리의 관광객이 45인승 버스에서 내렸다. 정읍 내장사 불자들의 전등사 기행이 시작되었다. 군청에서 파견 나온 문화해설사는 마이크 선이 달린 작은 가방을 허리춤에 매고 일사천리로 말을 이었다.

"안녕하세요? 지붕 없는 박물관, 강화군에 오신 것을 환영합니다. 전등사는 1600년도 넘는 역사를 간직한 사찰로 몇 차례 화재를 겪고 대웅보전도 여러 번 중건되었답니다. 지금 보시는 대웅보전은 보물 178호랍니다. 대웅전 자체만으로도 조선 중기의 건축 양식을 보여주는 귀중한 문화유산인데요, 저기 처마의 나부상이 보이시죠? 부처님을 모신 신성한 법당에 벌거벗은 여인상은 당치 않다고 생각하시겠지만 나부상은 17세기 말에 만들어졌답니다. 거기에 얽힌 이야기가 궁금하시죠?

당시 솜씨 좋은 도편수가 대웅전을 짓다가 주모와 눈이 맞아 나중에 살림을 차리자며 품삯을 맡겼습니다. 그런데 공사가 끝날 무렵 주모는 자취를 감추었답니다. 도편수는 그녀에 대한 배신감으로 처마 모서리의 나부상을 만들었답니다. 지금은 단청이 벗겨져 검게 보이지만 원숭이인 듯 사람인 듯 환한 모습과 울상 짓는 표정 등 해학적인 모습이네요. 도편수가 단순히 배신한 여인에게 복수한 것만은 아니라 참회하기를 바라는 마음도 담은 것 같죠? 그런 파격을 받아들인 스님들의 자비로운 마음까지 엿볼 수 있습니다. 엄숙한 청정 도량에서 잠시나마 웃어보라는 선조들의 여유와 해학이라고 생각해도 좋습니다."

신도들은 고개를 내밀어 대웅전 처마를 바라보며 고개를 갸웃거리다가 끄덕이기를 반복했다. 봄바람이 우루루 몰려왔다. 사람들은 대웅전으로, 수령을 알 수 없는 은행나무 그늘로 각기 흩어졌다.

인환의 거리를 그리며

코스모스 무리가 하늘거리던 가을날, 김포시 풍무동의 장릉을 찾았다. 장릉은 인조 임금의 아버지인 원종과 그의 비 인헌왕후 구씨의 능이다. 원종은 아들 덕분에 사후 왕으로 추대되었기에 우리에게는 잘 알려지지 않았다. 장릉은 연두색 벨벳으로 드리워진 잔디와 나이든 수목이 주는 안온함으로 그윽했다.

장릉을 벗어나 주변 도로를 걸었다. 뜻밖에 '한하운 시인 길'이라고 쓰인 이정표가 손짓했다. 손 · 발가락이 잘려나가는 시련 속에서 영혼으로 써내려간 시와 시인의 삶이 떠올라 지나칠 수 없었다. 목적지가 그곳이기라도 했던 것처럼 발걸음은 그곳을 향했다.

도로 왼편은 완만한 경사면에 자리한 무덤과 묘지석이 즐비한 공동묘지였다. 내리막길을 오십 미터쯤 걷자 푸른 하늘에 사선으로 나열된 전선을 배경으로 "← 한하운 시인 유택 50m" 안내판이 나타났다.

묘 앞에 섰다. 묘지 뒤편의 나무판에는 시인의 연보와 사진을 가운데 두고 〈보리피리〉와 〈전라도길〉 시편이 걸려있었다. 원망할 대상조차 없는 아픔을 홀로 이겨내고 혼돈의 시간을 악착같이 살아온 흔적이었다. 그가 이곳에 묻히기까지의 과정이 파노라마처럼 스쳤다.

한하운(韓何雲 1919~1975)은 본명이 태영으로, 함경남도 함주군에서 지식인 지주의 맏아들로 태어났다. 함흥 제일공립보통학교에서는 학과는 물론 예술 분야에서 재능을 보였다. 그러던 중 몸이 붓기 시작했는데 차후에 닥칠 불행의 시초였다. 육상 선수였던 학창시절에는 발자크, 헤르만 헤세를 탐독했으며 단가와 하이쿠 작법을 배워 시를 썼다. 열일곱 살 되던 해 나병 확진으로 금강산의 사찰로 들어갔으나 이듬해 병세가 호전되자 2년간 일본에서 유학했다. 악화와 호전이 반복되는 중에도 학업의 끈을 놓지 않고 중국 유학 후 함경남도청 축산과에 근무했다.

1945년 봄에는 낙향하여 이때부터 필명 '하운'으로 문학에 몰두했다. 그는 해방이 되었음에도 부재지주로 몰려 가산을 몰수당하고 내쫓겼다. 이듬해 함흥 학생 시위와 동생의 반공활동에 연루되어 원산형무소로 갔으나 병보석으로 풀려났다.

이남하여 대구, 부산 등지의 나병 요양원에서 약을 구해 귀향하던 도중 체포되었으나 간신히 탈출했다. 동두천까지 걸어가던 중에는 자살 시도도 뜻대로 되지 않아 걸인처럼 떠돌았다. 서울에서 구걸하던 한하운은 영하 10도의 추위에서 옆에서 자던 노숙자가 얼어 죽은 것을 보았다. 그는 떨어져나간 손가락을 호주머니에 넣고 살기 위해 발을 동동 구르며 밤을 새운 적도 많았다. 한때 자신의 피와 영혼이 통하던 그 살점이 무엇보다 소중하게 생각되었으리라.

그는 죽음의 문턱에서 구걸하며 쓴 시를 팔아 근근히 삶을 지탱했다. 이에 관심을 가진 시인들의 도움으로 1949년 ≪신천지≫에 〈전라도길- 소록도로 가는 길에〉 등이 실렸다. 고등교육을 받은 젊은이가 나병환자가 되어 하룻밤 자고 나면 발가락이 떨어져 나가는 참극의 삶 속에 남긴 애절한 시는 많은 이들의 심금을 울렸다.

> 가도 가도 붉은 황토길/ 숨막히는 더위뿐이더라
> 낯선 친구 만나면/ 우리들 문둥이끼리 반갑다.
> (중략)

앞으로 남은 두 개의 발꼬락이 잘릴 때까지 / 가도 가도 천리 먼 전라도길
—한하운의 시 〈전라도길-소록도로 가는 길에〉에서

그러나 시인으로서의 길도 평탄치 않았다. 1953년에 작품 〈데모〉의 내용 중 "피빛 기빨이 간다."는 대목이 문제가 되어 '문화 빨치산 사건'으로 확대되었으나 무혐의로 판명되었다. 그 후 두 번째 시집 ≪보리피리≫ 발간을 시작으로 본격적인 작품활동을 시작했다.

투병 속에서도 삶을 포기하지 않고 문학으로 승화시켰던 그는 방랑 시인에만 머무르지 않았다. 한센병 환자들에 대한 사회인식 개선을 위한 사회사업가로 '더불어 사는 삶의 가치'를 실천했다. 인천의 나환자 마을로 이주해 자치회장으로 선임되었으며 부평에 신명보육원 등을 설립하여 동병상련을 겪는 환자들의 삶터를 구축했다. 40세에 비로소 음성으로 판명으로 사회에 복귀한 후에는 '한미제약회사'와 '무하문화사無河文化社'를 설립해 한센인의 권익 활동을 이어갔다.

한하운 시인은 어린 시절부터 시작된 투병으로 인한 정신적 갈등과 실향의 아픔까지 겹친 불운의 삶을 살았다. 한센병이라는 낙인으로 냉혹한 편견 아래에서도 시심을 간직했던 그의 일생은 누구보다도 치열했다.

후배 시인들에게 미친 그의 영향은 지대하다. 한때 고흐와 같은

화가를 꿈꾸었던 고은 시인은 중학교 시절 ≪한하운시초≫를 우연히 길거리에서 주워 밤새 울며 읽었다. 고은은 당시 한하운처럼 떠도는 문둥병자가 되리라고 다짐했다던가. 김지하, 신경림, 박노해 시인들의 작품에서 한하운 시가 연상된다는 연구도 있다.

그러나 간경화증으로 1975년 인천 십정동에서 굴곡진 삶을 마감했다. 이젠 더 이상 세인의 눈을 피해 떠돌지 않아도 되는 김포 장릉 공동묘지 183번 묘지의 주인으로 누워있다.

그의 유택에 가을볕이 쏟아졌다. "보리피리 불며 인환의 거리 인간사를 그리워"했던 시인은 망자亡者들이 이웃하여 나란히 누워있었다. 전주 이공 'ㅇㅇ'. 김해 김씨 '△△' 부부의 합장 묘와 풍산 지씨 가족묘도 보였다. 그들 틈에서 더 이상 병마의 고통은 없으리라.

낮은 나무들 사이에 완만한 포물선으로 앉아있던 봉분과 비석들이 평온해 보였다. 그러나 성묘객들이 놓고 간 원색의 조화 송이가 분분한 다른 묘지와는 달리 시인의 묘지에는 고적함이 감돌았다. 그의 고독함과 소외감은 끝나지 않은 것일까. 명절조차 찾는 이 없는 쓸쓸한 묘역에서 그는 오늘도 인환의 거리를 그리며 홀로 '보리피리'를 읊고 있을까.

무심한 가을 하늘만 드높았다.

사유의 포란흔抱卵痕

—나는 수필을 이렇게 쓴다

문학의 쓸모없음에 대해서는 많은 이들이 동의한 바 있다. 그럼에도 불구하고 건재한 이유는 인간을 억압하지 않기 때문이다.

또 하나 쓸모없는 것을 들자면 몽상이다. 몽상 역시 인간을 구속하지 않는다. 인간만이 몽상에 잠길 수 있으며, 그것을 통해 인간이 얼마나 억눌린 삶을 살고 있는지 극명하게 보여주는 정신적 유희다.

문학은 몽상의 소산이다. 문학은 실현할 수 없는 꿈과 현실과의 거리를 자신의 의사에 반하여 드러낸다. 쓸모지상주의의 희생양이었던 나는 지금껏 쓸모에 의해 소진되었다. 그래서일까. 쓸모없음에 기웃거린다. 그렇다고 '무용함의 쓸모'에 집중하는 일이 문학의 전부는 아니다.

언제부턴가 나도 모르는 타자가 내 안에 웅크리고 있다. 자신이면서 나인 줄 몰랐던 또 다른 나다. 내 욕망의 실체인 타자와의 갈등이 발생할 때면 그것을 품거나 경계한다. 그로 인해 합리적이라고 착각해온 나의 의지에 혼선이 생기거나 방해를 받는다. 그렇다고 녀석의 잣대를 무시할 수 없다. 녀석은 내가 자신에 대해 취해야 할 일정한 거리를 확보해 주기 때문이다.

내 안의 타자는 문학이다. 탈고가 끝난 후에는 말간 하늘 아래 흰 빨래를 널어놓고 수분이 시나브로 날아가기를 바라는 마음으로 여유를 즐긴다. 그러나 마냥 여유롭지만은 않다. 여유로움 속에는 최선을 다하지 못한 아쉬움과 조급함이 있다. 그럴 때면 나의 생각이나 느낌, 경험 등의 의미를 재구성하는데 머무르지 않았는지 반성한다. 펄럭이는 빨래를 바라보는 동안의 나릇한 상쾌함은 길지 않지만 중독성이 있다.

목적지보다는 여정 자체에 무게를 두었던 어느 시인은 오디세우스의 고향 이타카에 이르기 위한 여정의 의미를 이렇게 노래했다.

언제나 이타카를 마음에 두라
그대의 목표는 그곳에 이르는 것이니

그러나 서두르지는 마라
비록 그대 갈 길이 오래더라도
늙어져 그 섬에 이르는 것이 더 나으리니
길 위에서 그대는 이미 풍요로워졌으니
이타카가 그대를 풍요롭게 해주길 기대하지 마라

–콘스탄티노스 카바피의 시 〈이타카(Ithaca)〉 중에서

방대한 분량의 ≪오디세이아(Odysseia)≫의 교훈을 몇 줄의 시로 정리한 대목은, 문학에 거는 헛된 기대를 거두기에 적절한 비유다. 마음에 이타카를 품는 것만으로도 풍요로워졌기에 고향에 닿았는지의 여부는 중요하지 않다.

장거리 레이스인 삶에서 문학을 마음속에 품은 것만으로도 나는 이미 풍요로워지지 않았던가. 마음에 또 다른 무언가를 품는 일은 내일을 도모하는 일이다. 생명을 품는 것처럼 쓰는 일은 내일에 대한 기대가 담겨있다. 과거의 이야기를 풀어낼지라도 거기에는 내일에 대한 염원이 실려있다.

내 사유의 그물에 걸려든 글감에 대해서는 다소곳이 예의를 지킨다. 그것의 의미가 희석될세라 각별히 대한다. 때로 까칠한 대상을 만나면 나긋나긋해질 때까지 그것을 품고 부화를 기다린다. 새는

알을 품기 위해 자신의 깃털을 뽑아주고 그 흔적은 포란흔抱卵痕으로 남는다. 나 역시 부화에 이르지 못할세라 소재를 품으며 성긴 사유의 깃털을 뽑기도 한다. 사유의 포란흔은 나의 수필이다.

카프카에게 문학은 의식을 깨는 도끼였으며, 혹자에게는 “목 매달고 죽어도 좋을 나무”였다. 누군가는 “작가는 자신이 세상에서 중요한 일을 하고 있다는 믿음을 갖고 그 믿음이 환상일지라도 그것을 부여잡으라.”고 한다.

문학을 대하는 나의 치열함과 환상은 서서히 방전되곤 한다. 누군가의 의식을 깨는 도끼 자루로 쓰일 나무 토막 하나 제대로 다듬지도 못했다. 그럼에도 불구하고 돌아선 적이 없으니 문학과의 동행은 숙명이 되었다.

가치 지향적인 성격의 문학을 대하는 나의 태도를 검열하곤 한다. 지금껏 가꾸어 온 내 문학의 주소를 알지 못해, 가끔은 후미진 골목에서 뒤돌아본다. 비록 제자리를 맴돌지만 나는 이미 풍요로워졌다.

나의 이동식 서재 사용법

개찰구에 교통카드를 대면 파란 불이 반짝한다. 입실해도 좋다는 신호다. 일회용 카드보다는 보증금 환불 등의 번거로움이 없는 후불제 신용카드가 편리하다. 내 서재는 서울과 수도권의 노선에 따라 관리 주체가 다르지만 이용자가 특별히 주의를 기울일 필요는 없다. 나의 이동식 서재는 지하철이다. 십여 년 간 국철 1호선을 서재로 이용했으나 작년부터 인천 지하철 2호선으로 갈아탔다.

서재라지만 보증금이나 월세 부담은 없다. 따라서 편의시설을 기대할 필요는 없다. 내가 서재를 이용하는 시간은 특별한 일이 없는 한 주 5회, 아침 8시경 서재에 들어서면 40분 정도 머문다. 퇴근

시에도 비슷한 시간을 규칙적으로 이용한다. 아래의 사용 설명을 참고하면 서재의 특성 파악과 이용에 도움이 된다.

1.

열차가 곧 도착한다는 안내 방송이 울리면, 문이 열리기 전까지는 안전선 안에서 조신하게 기다린다. 서재의 문이 스르르 열리면 최대한 좌석을 확보해야 하지만, 그것에 집착할 필요는 없다. 종점 가까운 역이나 환승역에서는 좌석에 앉기가 비교적 용이하다. 오른편의 가장자리 좌석이면 금상첨화다. 책장이나 원고를 넘겨볼 수 있고 메모 시 손놀림도 원활하다. 일반석에 빈자리가 없다고 노약자석에 서둘러 앉는 경우, 정차하는 역마다 어르신이 승차하는지 눈치를 보아야 하므로 가급적 삼간다.

2.

승객들은 주로 이동을 목적으로 승차한다. 따라서 그들을 의식할 필요가 없다. 누군가와 눈길을 주고받을 일이 없으며, 타인이 아는 체하거나 관심을 보일 확률은 1%도 안 된다. 시선 처리가 난감한 서재는 독서나 원고에 몰입하기에 최적화된 공간이다. 몰입의 방해

요인은 만원인 차내가 아니라 자신에게 있다. 따라서 휴대폰의 검색이나 통화는 삼간다.

3.

고도 비만인 사람이나 무릎을 과하게 벌리고 앉은 이가 옆자리를 침범했다면 원고를 넘기거나 팔을 움직이는 데 지장을 줄 수 있다. 그럴 경우엔 그를 원망하는 마음이 생기지 않도록 눈을 감고 복식호흡이나 명상을 시작해도 좋다. 몰입 정도에 따라 새 소리나 바람소리를 듣는 기적을 체험할 수 있다. 사람들이 서재에서 반드시 생산적인 행동만 하는 것만은 아니다. 때론 멍한 상태로 자신을 방치하는 것도 필요하다. 일체유심조一切唯心造의 경지에 드는 일도 어렵지 않다.

4.

지상 구간을 통과할 시에는 망설임 없이 창밖을 바라본다. 서울 2호선의 영등포구청－합정 구간에서는 서재에서 바라보는 한강의 윤슬에 마음을 빼앗겨도 좋다. 신도림에서 신림역 구간을 지날 때면 대림역 주변에서 창밖으로 펼쳐지는 인조 잔디구장의 푸르름에, 잠깐이지만 안구가 정화되는 서비스가 옵션으로 제공된다.

5.

눈과 생각은 원고지나 책에 두되, 귀는 안내 방송에 열어두어야 한다. 한 정거장 전에 내릴 준비를 하지 않으면, 두 정거장쯤 지나쳐 버리기 십상이다. 이런 경우에는 당황한 표정 대신 지금 내리는 곳이 목적지인 것처럼 의연하게 내려 반대 방향의 서재를 다시 이용한다. 역의 구조에 따라 추가 요금이 발생할 수 있다.

6.

서재 이용 시 별도의 사용료는 없으며, 도중에 다른 분위기의 서재로 옮겨탈 수 있다. 장거리인 경우 추가 요금이 부과될 수 있다.

7.

주인의 품격을 더해줄 서가書架가 즐비한 공간도 아니며 이동식이라 하여 거금을 들인 캠핑카도 아니다. 소유권이 없어 조촐하니 유지에 어려움이 없는 소시민용 이동식 서재는 누구에게나 열려있다. 다만 개인 공간이 아니므로 공공장소에 어울리지 않은 행동을 삼간다.

손잡이에 의지해 서서 갈 때면 고故 신영복 선생을 떠올린다. 생전에 어느 강연에서 지하철 애용자였던 선생의 에피소드를 들었다.

그날 좌석 확보를 위한 자신만의 노하우를 말해 좌중을 웃음바다로 만들었다. 선생이 성공회대학교 재직 시 국철 1호선을 이용할 때면 앉아있는 승객들의 관상을 본다고 했다. 서울역에서 내릴지, 구로나 인천에서 하차할지를 나름 예측하여 먼저 내릴 듯한 승객 앞에 서면 적중률이 높다고 했다.

좌석 확보에 관한, 후배의 기발한 아이디어도 생각난다. 그의 예측은 늘 빗나가곤 하여 금방 내릴 듯한 사람일수록 후배가 목적지에 도착할 때까지 앉아 있는 일이 허다하다고 했다. 그럴 경우 느끼게 되는 근거 없는 배신감과 허탈함을 차단하기 위한 방법을 제안했다. 앉아 있는 승객들이 자신이 내릴 역을 표시하는 팻말 같은 것이 있다면 부질없는 희망 고문에 시달리지 않을 것 같다며 목소리를 높였다.

사람들은 타인의 욕망을 덩달아 좇는 데 많은 시간과 잠재력을 탕진한다. 다른 이의 욕망에 편승하지 않고 나의 참한 욕망을 위해 출, 퇴근의 이동 시간을 바치는 일이 바람직하다.

닿을 수 없는 꿈을 따라잡기에 지쳐버린 탓일까. 요즘 대한민국의 행복 트렌드는 '소확행小確幸'이라던가. '작지만 확실한 행복'을 뜻하는 이 말은 행복이 큰 그림에만 있는 것이 아니라 화려하지도 대수롭지도 않은 소박한 것에도 있음을 강조한다. '무라카미 하루키'는 그의 수필집 〈랑겔한스섬의 오후〉에서 갓 구운 빵을 손으로 찢어 먹는 것, 서랍 안에 반듯하게 접어 돌돌 만 속옷이 잔뜩 쌓여 있는 것, 면 냄새가 풍기는 하얀 셔츠를 머리에서부터 뒤집어쓸 때의 기분을 '소확행'이라고 했다. 이동식 서재를 통한 결과물이 주는 작은 행복은 하루키의 그것에 버금가는 '소확행'이다.

열차가 전前 역을 출발했다는 안내방송이 들린다. 지하 레일의 어둠을 제치고 달려오는 소리가 가까워졌다. 오늘도 나의 서재가 도착했다.

푸른 버드나무

연휴 마지막 날 삽상한 바람이 등을 떠밀었다. 삼청동을 지나 옥인동으로 좌회전했다. 나의 발길도 바람을 좇았다. 통인시장 입구에서 만난 '박노수 미술관' 팻말에 마음을 빼앗겼다. 눈이 번쩍 띄었다. 몇 달 전만 해도 공사 중이었기 때문이다. 그곳을 가기 위해 집을 나섰던 것인 양 목적지로 삼았다. 옥인동에 접어드니 작은 가게들이 가을볕을 받으며 나른하게 졸고 있었다.

'박노수 가옥'은 서울시 문화재자료 1호다. 최근에는 '종로구립 박노수미술관'으로 이름을 바꾸어 개관기념 전시를 개최한다는 보도를 들은 기억이 떠올랐다.

박노수(1927~2013) 화백은 해방 후 한국화 1세대로 파격적인 구도와 채색으로 독보적인 작품세계를 구축한 작가다. 내가 관심을 갖게 된 계기는 화가이자 수필가였던 ≪근원수필≫의 저자 김용준 선생에게 사사했다는 그의 이력 때문이었다.

미술관 뜰에 열 명 남짓한 사람들이 줄을 서 있었다. 입장을 기다리는 시간에 정원을 둘러보았다. 크고 작은 수목과 아기자기한 수석들이 조화를 이루었다. 가히 수석 박물관이라 해도 부족함이 없는 정원이었다. 선생이 직접 디자인했다는 뜰의 대리석 원탁은 측면에 고유 문양이 새겨져 있었다. 그곳에서 지인들과 대화하며 작품을 구상했으리라. 뜰을 거니는 동안 미술관 내부에 대한 궁금증이 더해갔다.

드디어 차례가 되어 입장했다. 오밀조밀한 실내는 사람의 온기가 남아있었다. 선생이 86세의 나이로 세상을 떠나기 전까지 살았던 집이니 그럴 만도 했다. 니스칠로 윤기가 반지르르한 나무 계단도 정겨웠다. 갤러리로 변모한 작은 방은 대형 그림 한 점만이 주인이었다.

두 번째 방에 걸린 그림이 나를 붙들었다. 커다란 화폭에는 쪽빛 바다를 연상케 하는 푸른 빛이 바람결에 일렁거렸다. 분명 버드나무 일진대 강한 운필의 푸른 덩어리 한 점이 전부였다. 화폭을 채운

푸른 기운에 신비로운 기분마저 들었다. 위에서 아래쪽으로 내려온 선명한 파란 붓질은 분명 버드나무였다. 제목이 적힌 작은 안내판을 얼핏 보니 〈류하柳下〉였다. 버드나무 두 그루 사이에 선 마르고 키 큰 한 남자도 있었다. 서양화와 동양화 사이에서 흔들리고 일본과 우리나라의 화풍 사이에서 고민했을 선생의 모습이리라. "새로워야 해. 달라져야 해. 그러나 그것은 내 것을 바탕으로 해야만 해."라던 선생의 의지가 캔버스에 고스란히 투사되었다. 새로운 정신과 창조적 화법으로 한국화의 정체성을 살려낸 우리 화단의 대표작가로 칭송받는 이유를 알 것 같았다.

관람을 마치고 건물 뒤편의 가파른 길을 지나 전망대에 섰다. 양식과 절충된 기와 지붕이며 이국적인 굴뚝, 문화재로 지정받은 이유를 알 듯했다. 전망대 역시 두 팔을 한껏 벌리면 양편이 닿을 만한 규모였으나 미술관의 다른 모습이 한눈에 들어왔다. 아담한 대숲은 낮게 앉은 맥문동 군락을 거느리고 온몸으로 가을 바람을 기꺼워했다.

전망대 왼편으로 보이던 서울의 중심가의 모습을 뒷전으로, 선생의 작품이 오버랩되었다. 더 이상 군말이나 타협이 필요 없을 듯한 정직한 청색이었다. 붓의 흔적만으로 버드나무와 그곳을 배회했을 바람, 나무 사이에 서 있는 한 남자의 고뇌가 전해졌다. 굳이 설명을 보지 않았을 때에도 제목이 짐작되었다.

나의 수필을 떠올렸다. 주저리 주저리 나열을 하고 또 부연 설명까지 일삼았다. 그림에 버드나무 줄기를 가닥가닥 그리고 잎을 매달아, 바람에 흔들리는 것을 나타내기 위해 사선으로 흐느적거리게 그렸다면 그토록 강하게 각인되었을까.

작가는 보여주는 것으로 충분하다. 글의 행간을 읽어내고 의미를 찾아내는 것은 독자의 몫이다. 그 이상은 월권이다.

나른한 연휴, 일상의 이삭 줍기에 나섰던 날, 실한 알곡을 포기째 안고 온 희열은 오래 다독이고 싶었다. 오롯이 나만의 기쁨으로 갈무리하고 싶었다.

실뜨기

핸드백에서 소지품을 꺼내려니 뭔가가 손에 잡혔다. 조그만 보라색 실뭉치였다. 얼마 전 '소통과 리더십' 관련 워크숍에서 받아 온 실뜨기용 실이었다.

강사는 책상 위에 털실을 미리 준비해 두었다. 강의 중간쯤에 그것을 적당히 잘라 묶은 후 옆 사람과 실뜨기를 시작해 보라고 했다. 뜻밖이었다.

아득한 시간을 거슬러 올라가자 실뜨기와 관련된 생생한 기억들이 떠올랐다. 실뜨기는 유년에 한가락했던 놀이다. 숨바꼭질은 술래가 일찍 찾아내거나 늦게 찾는 경우 흐름이 끊기곤 했다. 노래에 맞추어 고무줄을 넘던 고무줄놀이도 만만치 않았다. 잘하는 아이는 고무줄을 발목에 걸어 탄력을 이용해 계속 단계를 높였다. 가위바위보에 약한 나는 주로 고무줄을 잡는 쪽이었다. 그나마 힘을 쓰지 않아도 되는 실뜨기는 나의 체력과 정서에 맞았다.

사십 년 남짓한 시간이 지났는데 지금 해낼 수 있을까. 반신반의하며 실을 묶었다. 생각을 더듬어 실을 손등에 펴 양손에 걸고 한 번 더 감았다. 긴가민가하며 옆사람에게 손을 내밀었다. 그녀도 엄지와 검지로 조심스레 위로 올려 한 번 돌리더니 다음 패턴을 만들었다. 우린 주거니받거니 여러 형태를 이어나갔다. 이걸 지금도 기억하고 있었다니…. 같은 생각에서인지 둘은 횡재한 듯 웃음을 터트렸다.

실뜨기는 몇 가지 패턴이 무한 반복되는 단순한 놀이만은 아니었다. 뜨는 방식에 따라 예상했던 순서가 바뀌기도 했다. 여러 모양들이 나타날 때 손가락을 잘못 걸거나 주의를 기울이지 않으면 형태가 망가지고 끝이 났다.

은근한 주의를 요하는 실뜨기에 집중하다 보면 자신의 차례에 실을 헝클어서는 안 된다는 생각이 들었다. 상대방 손바닥에 실을 걸고 웃음 반 놀이 반 즐기다 보니 시간이 훌쩍 지나갔다. 가물가물해진 기억 속의 동작을 소환한 나의 소근육이 대견했다.

비슷한 연배의 다른 참석자들의 표정도 뇌가 기억하는 놀이의 완벽한 재연에 상기되었다. 강사는 우리들의 마음을 읽었다는 듯 실을 가져가 심심풀이로 자주 해보라고 말했다. 소중한 전리품인 양 실을 리본 모양으로 묶어 가방에 넣었다. 다음에 다시 해볼 요량이었다. 만만했던 실뜨기 놀이가, 누구나 AI를 말하는 4차 산업혁명 시대 워크숍에 등장한 사실은 경이로웠다.

인류를 변화시킨 최초의 발명품은 바늘이라는 주장은 일리 있다. 추운 지방에서 인류가 생존한 것은 바늘로 꿰맨 동물 가죽 때문이었다. 바늘은 실이 없으면 무용지물로 실뜨기는 바늘의 역할을 손가락으로 대체한 놀이다.

'손은 밖으로 나온 뇌'라던가. 손을 이용한 실뜨기는 다양한 모양도 만들 수 있으니 창의력과 집중력 증진에 그만이다. 나아가 어르신들의 치매 예방에도 좋다니 나이와 성별과 무관하게 그만한 저비용 고효율 놀이도 드물다. '더 빠르게' 만을 외치며 가속화되는 시대에 이만한 역사를 가진 보편적인 놀이의 컴백은 환영할 일이었다.

인간관계도 상대방이 내민 도식으로 소통하는 일이다. 대부분의 사람은 먼저 자신의 입장에서 세상을 바라보는 이기적 존재다. 따라서 나를 뛰어넘어 상대방을 이해한다는 것은 보통사람에게는 한계를 뛰어넘는 일이다. 내 입장을 벗어날 수 있다면 상대방의 입장은 물론 세상을 바라보는 다양한 관점이 눈에 들어온다. 그렇다고 상대방이 내민 도식에 무작정 자신을 맞추기는 어렵다.

사람의 관계도 예외는 아니다. 자신의 의도와는 달리 쉽게 해결되지 않은 일은 많다. 상대방이 펼쳐보인 실뜨기 패턴을 제대로 이어가지 못하면 판이 깨지는 난감한 상황이 될 수 있다. 억지로 네트워크를 형성해야 될 필요는 없으며 타인에게 좋은 사람으로 보이기 위해 자신을 꾸미는 일은 독이 될 수도 있다. 관계는 타인과의 난해한 도식을 상대적으로 풀어가는 과정이다. 단순한 즐거움으로 재연했던 실뜨기를 풀어가는 방식 역시 한 가지만 있는 것은 아니었다.

몸이 기억해낸 유년의 실뜨기처럼 아직 기억하지 못하는 놀이가 있다면 소환해볼 일이다. 비단 놀이뿐이랴.

꿈을 위한 점프와 하강

아침 7시. 지하철 인천시청역에 들어서니 빠른 템포의 선율이 공간을 채웠다. 청소년들의 동아리 활동을 지원하는 공간인 지하철역 무대에서 춤 연습에 열중인 모습을 자주 만난다. 그들은 전면거울을 보며 서로의 자세를 고쳐주거나 둘이서 짝을 지어 한 사람처럼 동작을 맞추기도 했다. 자신의 몸으로 표현하지 못할 동작은 없다는 듯 음악에 몸을 맞긴 채 관절을 자유자재로 움직였다. 그들은 뼈와 뼈의 분해조립이 가능한 독특한 인체구조를 가진 듯했다. 비트가 강하고 빠른 음악에 심취한 듯한 소년들은 언제부턴가 새로운 문화 코드로 자리잡은 비보잉(B-boying) 지망생으로 보였다.

그들은 이른 시간인데도 목덜미에 땀을 주체하지 못했다. 발그레한 뺨에는 화색이 돌았다. 세상을 얻은 듯 부러울 것 없는 표정은 자신이 좋아하는 일에 몰입하는 사람에게서만 볼 수 있는 모습이었다.

무대가 사선으로 보이는 나무 의자에 앉아 나의 청소년기를 떠올렸다. 유채색도 무채색도 아니었던, 불확실한 미래에 대한 걱정을 가불했던 시기는 우울했다. 불필요한 우려만이 내가 할 수 있는 일의 전부인 양 지나친 고민에 빠지는 시간이 많았다. 주로 포크송이나 팝송 가사를 적어 외워불렀다. 그 시절에 저렇듯 격렬한 춤사위에 내 몸을 맡길 수 있었다면 억압된 정서는 빠른 선율에 희석되어 다소 가벼워졌으리라.

사람은 누구나 자신이 꿈을 이루려하지만 쉬운 일은 아니다. 그것을 위해 얼마나 많은 준비를 했느냐에 따라 결과가 달라진다. 이른 아침 냉기가 가시지 않은 무대에서 저렇듯 열정적인 춤사위에 몰입된 저들은 각자의 꿈에 한발짝 다가가는 것이리라.

춤 연습에 열중하는 그들을 보니 영화 〈빌리 엘리어트, Billy Elliot〉가 생각난다. 2017년 재개봉으로 화제를 모은 〈빌리 엘리어트〉는 실화를 바탕으로 각색했다. 불우한 환경에서 영국 왕실발레단에 입단한 필립 모슬리와 광산에서 자란 성악가 토마스 앨런의 실화를 재구성했다. 우리나라에서도 공감도가 높아 뮤지컬의 단골 레퍼토리이며 책으로 출판되어 화제가 되었다.

주인공은 영국 북부의 탄광촌에 살던 11세 소년 빌리는 아버지의 권유로 도장에 다니지만 권투에는 소질이 없었다. 어느 날 권투도장을 빌려 발레강습을 하는 것을 본 빌리는 발레에 흥미를 느낀다.

한편 빌리의 재능을 눈여겨본 발레 강사 윌킨슨 부인은 개인교습을 시작한다. 그녀는 빌리를 런던의 로열발레스쿨에 입학시키고자 가족들을 설득했으나 심한 반대에 부딪힌다. 그 무렵 탄광 노조지도부인 형이 경찰에 체포된다.

극심한 생활고와 가족의 반대로 빌리는 발레학교 진학의 기회를 잃었으나 춤을 포기할 수 없었다. 빌리는 크리스마스 밤 권투도장에서 친구에게 발레를 가르쳐 주다 아버지에게 들킨다. 그 순간 빌리는 아버지 앞에서 무엇에 홀린 듯 춤을 추었고 그것을 본 아버지는 빌리의 재능을 알아보고 생각을 바꾼다. 아들이 탄광에서 벗어날 수 있는 탈출구는 발레라는 생각에 빌리를 왕립 발레스쿨에 보내기 위해 돈을 모은다. 심지어 아내의 유품까지 전당포에 맡긴다. 마침내 빌리가 꿈을 펼치기 위해 런던으로 떠나는 날, 아버지와 토니는 석탄을 캐기 위해 지하 갱도로 내려간다.

시간이 흘러 아버지와 토니는 빌리가 주연을 맡은 〈백조의 호수〉

공연을 지켜본다. 빌리는 무대에서 화려한 도약을 선보인다.

〈빌리 엘리어트〉는 1980년대 초반 영국의 광부 대파업이 사회적 배경이다. 당시 국영기업의 민영화와 구조조정에 노동자들의 반발이 거셌다. 이에 광부 노조를 표적으로 탄광 폐쇄와 인력 감축을 발표하자 총파업이 시작되었다. 그러나 대처 정부의 강경진압으로 파업이 와해되자 지도부는 업무복귀 결정을 내렸다. 영화에서 빌리가 로열발레스쿨로부터 합격통지서를 받은 바로 그날이다.

영화의 도입부와 라스트 신에는 빌리가 침대에서 점프와 하강을 하는 장면이 있다. 점프가 '이상'이라면 하강은 그 꿈을 붙잡는 '현실'이다. 점프는 하강을 경험하지 않는다면 해낼 수 없다. 영화에는 점프를 위해 하강을 겪어야 할 많은 빌리들을 향한 격려가 담겨 있었다.

〈빌리 엘리어트〉가 명작으로 꼽히는 이유는 '꿈은 이루어진다.'는 식의 단순한 메시지 때문은 아니다. 꿈을 이루기 위해서 희생해야 하는 현실의 문제까지 파고들었기 때문이다. 간과할 수 없는 또 다른 메시지는 현실이 힘든 이들에게 예술이 위안이 될 수 있다는 점이다. 빌리는 고난 속에서도 자신의 꿈을 놓지 않았다. 당장 돈이 될 수 없다는 생각에 빌리와 가족들이 발레에 대한 꿈을 접었다면 빌리의 도약은 없었으리라.

그들은 비록 가난했으나 예술의 가치를 알고 있었다. 예술이 지탱해주는 정신적인 위안을 모르지 않았기 때문에 생활고 속에서도 빌리를 지원했다. 형은 평소에 빌리를 못살게 굴었지만 음반을 모으고 음악을 듣는 것이 유일한 취미였다. 할머니의 꿈은 발레리나였으며 어머니의 유품인 피아노를 부숴서 땔감으로 불태웠던 아버지도 후회의 눈물을 흘렸다. 삶이 아무리 힘들어도 그들에게는 인간으로서 결코 포기할 수 없었던 삶의 가치가 있었다.

평생 당면한 현실만을 보고 살아야 했던 아버지에게 런던과 발레는 사치였으나, 발레에 대한 빌리의 진정성은 아버지의 마음을 움직였다. 아버지는 꿈을 가져보지 못한 자신을 응원하듯 아들의 꿈을 지원한다. 빌리의 꿈이기도 했지만 현실의 무게에 짓눌렸던 아버지는 빌리를 통해 자신의 꿈을 이루는 대리만족을 느꼈으리라.

남자가 발레를 한다는 것 자체가 쇼킹한 사건이던 시절, 아버지의 강요로 권투를 배우던 한 소년은 주체할 수 없는 타고난 리듬감으로 발레와의 운명적인 만남을 갖는다. 어린 빌리는 처음에 아버지와 주변의 따가운 편견에 고통스러웠으나, 춤과 하나가 되기 위한 성장통을 겪었다. 빌리가 자신의 꿈에 대해 성실하지 않았다면, 가족들이 생활고를 핑계로 그의 꿈을 외면했다면 발레리노가 되지 못했으리라.

생애주기의 전환점에 이르면 우리가 건너야 할 인생의 강물이 기다리고 있다. 그것은 학교일 수도 있고 군대나 사회이기도 하다. 사회 진출을 눈앞에 둔 이들에겐 당면한 문제들이 만만치 않다. 현실이 힘들다 할지라도 마음 한켠에 진정성 있는 꿈을 간직한다면 자신의 존재 의미를 확인하는 부표浮標가 될 수 있으며, 그것은 자신을 지탱하는 나침반이 될 것이다.

도전은 언제나 내게 손짓한다. 그것을 외면하지 않고 정면돌파하려는 의지를 가진 자만이 목표에 다가갈 수 있다. 도강渡江이 두렵다 하여 외면한다면 강 너머에 이르지 못한다. 유속이 빠른 강물일지라도 발목을 적셔야만이 유유히 흐르는 강물을 뒤로하고 풍요한 목초지를 만날 수 있다.

강폭과 유속을 가늠하지 않으면 무사히 건너기까지 고난이 따르기 마련이다. 내게 주어진 문제를 마주하지 않고 도전을 피하기 위해 삶을 발코니에서만 관망한다면 직면한 문제는 그대로 남을 뿐이다. 내 자신에 대한 성실함으로 그것과 마주하는 자에게만이 삶의 무대가 주어진다. 스스로를 돕는 자에게만 누군가의 도움이 따라온다.

내일의 꿈을 이루기 위한 비보이들의 춤사위에 잠시 마음이 팔렸다. 어느새 무대는 곡목이 바뀌었다. 격렬한 동작 대신 온몸을 물결처럼 구부리며 자유분방하고 흥겨운 리듬에 몸을 맡겼다.

무대 위에서 체온을 수증기로 뿜어내는 그들을 바라보며 출근 중이라는 사실조차 잊고 있었다. 나는 환승 통로를 향해 발자국을 빠르게 찍었다.

— ≪제대군인≫(2018. 4.) '스페셜 에세이' 수록

더하기와 빼기

1. 삶에서의 더하기, 빼기

유년 시절, 뺄셈은 어려웠다. 덧셈은 손가락이라도 동원하면 그만이었다. 뺄셈은 달랐다. 한 자리의 셈을 익히기도 전에 '14에서 5 빼기'와 같은 난관에 부딪혔다. 일의 자리 숫자끼리 뺄 수 없었기에 십의 자리에서의 받아내림은 쉽지 않았다. 14에서 10을 빌려와서 5를 뺀 나머지 5에 4를 더해주는 공정은 셈이 더딘 내겐 지난至難했다. 거기에 비해 덧셈은 한결 수월했다.

체화된 덧셈 인자因子 때문이었을까. 삶에서도 무언가를 더해야 한다는 강박에 시달렸다. 무의식적인 더하기의 관성은 집요했다. 육아와 가사를 감당하던 오랜 직장 생활 중에도 무언가를 더하기 위해 안간힘을 기울였다. 특별한 일정이 없는 주말에도 아무런 일이 없다는 사실이 새삼스러웠다. 더 이상의 것을 추구하기 위한 더하기 셈법에 나도 모르게 적응되었다.

이런 증상에 반기를 든 어느 작가는 ≪하마터면 열심히 살 뻔했다≫라는 책을 발간했다. 그는 원하는 대학에 가기 위해 4수를 했으며 사회생활 중에는 두 가지 일을 병행했다. 자신만의 인생 성공 매뉴얼에 따라 부단히 노력했으나 기쁘지 않았다. 몸과 마음이 지쳐만 갔다. 작가는 그런 삶에서 자신만의 확실한 행복 찾기가 필요함을 강조했다.

삶에는 저마다의 속도가 있다. 외모와 개성이 다르듯 속도도 다를 수밖에 없다. 그러나 우리가 속한 사회 통념은 나이에 걸맞게 무언가를 더해가며 살아야 한다는 인생 사이클을 강요한다. 타인의 시선을 의식하지 않거나 속도에서 벗어나면 주변인들의 눈총을 감수해야 한다.

더하기만이 유의미한 가치는 아니다. 자연의 주인인 식물들도 덧셈과 뺄셈의 조화를 추구한다.

2. 담쟁이가 사는 법

신월 IC에서 경인고속도로로 진입하는 길목이다. 방음벽에 녹색 카펫을 천연덕스럽게 널어놓았다. 눈이 번쩍 뜨인다. 담쟁이다. 속도를 잃는 자동차의 열병식에도 담장을 뒤덮은 담쟁이로 시야는 푸르다.

담쟁이는 땡볕에서도 목마름을 호소하지 않는다. 가뭄 속에서도 지치지 않고 다만 오를 뿐이다. 균열이 간 시멘트 벽이거나 고풍스러운 주황색의 벽돌담이거나 개의치 않는다. 낮은 토담과 폐교의 무너진 담장, 고속도로의 방음벽까지 가리는 법이 없다. 자동차의 소음과 대기오염도가 절정에 이를 때에도 묵묵히 오른다.

대부분 식물의 뿌리는 중력과 같은 방향인 땅속으로 자란다. 담쟁이는 다르다. 줄기는 중력과 반대 방향인 위로 자라지만 빈 공간이 보이면 방향을 가리지 않는다. 벽면에 흡착하는 덩굴손의 힘은 벽에 기생하는 본능에 충실하다. 사람들이 좌절하거나 부딪히면 주저앉는 벽을 담쟁이는 벽으로 여기지 않는다.

담쟁이도 때가 되면 녹색 잎을 포기한다. 한 자락 습기도, 씨앗 한 알 뿌리내릴 토양 한 줌 없는 마른 벽면에 빨판을 쳐놓고 야멸차게 오르다가 떠난다.

담쟁이의 가을은 남다르다. 단풍으로 단번에 잎을 떨어뜨리지 못하여 떨켜가 생길 때까지 숨을 고른다. 계절의 순환을 온몸으로 받아들이며 홀로 자줏빛으로 물든다. 작은 열매가 촘촘이 달리기 시작하면 사람들은 그제서야 포도과의 식물임을 감지한다. 흰색 분가루를 입힌 듯한 표면에 점점이 찍힌 반점은 그가 보낸 인고의 시간에 대한 증표다.

줄기를 잘라 땅에 꽂아두기만 해도 뿌리를 내리는 담쟁이는 어떤 여건에서도 굳세게 버틴다. 결코 시들지 않은 생명력의 상징인 양 빨판으로 버틴 시간을 미련없이 내려놓는다. 담쟁이의 뺄셈은 가차없다.

겨울이 되면 비로소 본격적인 뺄셈에 돌입한다. 폭염과 삭풍에도 버티었던 벽에 연연하지 않는다. 떨켜에게 잎을 내주어야 하는 겨울이 오면 잎을 버린다. 생명의 끈을 놓는다. 비로소 조촐해진다. 악착스럽게 더할 때와 미련없이 잎을 덜어내는 것은 그것으로 다음 해를 기약함을 알기 때문이다.

3. 괜찮아

인간은 타인과 관계를 맺는 과정에서 상처를 주거나 받는다. 사회에 첫발을 내디뎌야 하는 청년들에게 당면한 취업, 결혼, 내 집 마련 등은 필수 과업으로 다가온다. 저성장 시대에서 이중, 삼중의 고통을 받는 2030세대는 노력과는 무관하게 더 나은 미래를 보장받기 어렵다. 이러한 난감한 상황에 "위대한 꿈을 품고 미래를 위해 열심히 달려라."라는 식상한 말은 현실과 거리가 있다.

누구나 삶의 길목에서 속도를 잃거나 머뭇거릴 수도 있다. 거기에 더해 찬란하게 빛나야 한다는 자기 암시에 시달리는 경우도 있다. 수많은 자기계발서나 영화, 드라마도 인생의 주인공이 되거나 성공한 삶을 강요한다. 그들이 던지는 암시에 마음을 빼앗기거나 성공하지 않아도 인간은 저마다 개별적인 존재로서 소중하다.

그럼에도 불구하고 무언가를 채우고 더하지 않으면 안 된다는 생각은 집요하다. 목표를 위한 더하기보다 빼기의 삶, 덜하기의 실천, 자신을 있는 그대로 사랑하기, 나만의 속도 찾기 등이 필요한 시점이다.

노랫말은 시대의 거울이다. 청춘을 비추는 노래는 불안한 이들의 마음을 포착한다. 그들은 높아만 가는 취업 문턱과 무한 경쟁의 시대에 마음을 다잡아도 자신의 꿈이 유예되는 현실을 받아들인다.

한층 주가를 올리는 BTS(방탄소년단)의 노래 〈낙원〉에 담긴 '괜찮아'라는 메시지가 응원처럼 들린다.

멈춰 서도 괜찮아
아무 이유도 모르는 채 달릴 필요 없어
꿈이 없어도 괜찮아
잠시 행복을 느낄 네 순간들이 있다면

지금 행복한 사람은 그 시기가 조금 느릴지라도 더하기와 빼기가 교차하는 삶의 방정식에 대한 자신만의 해답을 찾을 수 있다.

'괜찮아'는 어떤 조건과 상황에 상관없이 그 사람의 존재 자체로 인정하고 존중한다는 의미를 내포한다. '괜찮아'라는 소극적인 위로에 귀 기울여보자. 누군가가 말해주기를 기다리지 않아도 된다. 숨이 차도록 빠르게 달려야 하는 무한경쟁 속에 내던져진 인간은 있는 그대로 가치 있는 존재다. 피로사회가 권하는 속도에서 벗어나 스스로를 토닥여주자.

"괜찮아."

— ≪제대군인≫(2019. 2.) '스페셜 에세이' 수록

내 수필의 언저리

—미니 자서전/ 작가집중탐구

1. 수필가로 등단하기까지의 계기와 과정에 대하여

전남 장흥군 장흥읍 기양리 43번지. 읍사무소와 극장, 버스 정류장이 가까운 핫 플레이스에서 태어났다. 차부 아저씨는 “3시 반 광주 급행, 지금 출발이요!”를 2시부터 외쳤다. 칠거리는 모든 길로 이어지는 구심점이었다. 동교다리를 건너던 등굣길은 잡다한 상상력이 번식하기에 맞춤한 장소였다. 탐진강을 가로지르는 동교東橋에는 이미 다리라는 의미가 내포되어 있으나 동교다리라고 불러야 제맛이었다. 추억 속 유년의 공간과 수필을 쓰게 된 계기와는 무관해

보이지만, 나에게는 무형의 정서적 자산이 적립된 물리적 공간이다.

각종 이름을 붙인 대회가 많았던 초등학교 시절 선생님은 미술대회와 백일장에 교대로 내보냈다. 그럴 때면 교실을 벗어난다는 즐거움에 마음이 먼저 남산 공원으로 달려갔다.

남산공원의 벚꽃은 24색 크레파스만으로는 역부족이었다. 분홍색 위에 흰색을 덧칠하다가 마무리는 다시 분홍이었다. 글짓기에 비해 도화지에 빠르게 개화하는 벚꽃을 그리는 재미가 쏠쏠했으나 정작 입상은 백일장이었다.

중학교 때부터는 백일장 단일 주자로 전향했다. 4월에는 식목의 중요성을, 시월에는 한글이 얼마나 과학적인 글인지를 강조했다. '불조심'이나 '반공' 도 빠질 수 없는 주제였다. 내게 작위적인 글쓰기의 습관이 남아있다면 어떻게 써야 입상권에 드는지 나름의 방식을 터득한 그 시절 사전 경험의 영향이 크다.

고등학교 시절 〈국어상론國語詳論〉 문제집을 예습도 없이 진도와 무관하게 풀었다. 본문 안에 답이 있던 국어 문제는 수학, 과학에 비하면 재미있었다. 집에는 오빠, 언니가 월부로 구입한 문학전집과 노벨문학상 수상작품집이 즐비했다. 세련된 통속 소설가로 변모한 이광수에 빠졌다. 그의 장편 〈유정有情〉에서 최석이 도덕적 양심을 지키고자 정임을 떠나 스스로 죽음을 선택한 바이칼의 호수가 눈에 아른거렸다.

> 눈 덮인 시베리아의 인적 없는 삼림지대로 한정없이 헤매다가 기운 진하는 곳에서 이 목숨을 마치고 싶소. 바이칼에 겨울의 석양이 비치었소. 눈을 인 나지막한 산들이 지는 햇빛에 자줏빛을 발하고 있소. 극히 깨끗하고 싸늘한 광경이오.

최석의 편지을 읽으며 정임과 함께 눈 덮인 삼림을 밤새 걸었다.

문학에 바친 나의 몰지각한 짝사랑은 유감스럽게도 대학 입학에는 반영되지 않았다. 피아노를 배웠다는 것만으로 엉겁결에 유아교육을 선택하고 임용고시를 거쳐 초등학교 병설 유치원 교사가 되었다. "꽃밭에는 꽃들이 모여살구요."를 합창하며 시작하는 아침도 즐거웠으나 왠지 마음 한 구석이 허전했다. 10년간의 교사 생활 후 남편의 인천 발령으로 퇴직하였다.

수도권의 이주민으로 전락하여 개방의 흔적과 항구의 독특한 정취를 지닌 인천에 적응하기로 했다. 인천살이는 어디엔가 접어두었던 문학의 페이지를 다시 들추는 계기가 되었다. 어느 날 '새얼 전국백일장' 현수막이 펄럭였다. 백일장 당일이었다. 필기구에 까다로운 편인 나는 플러스펜이 장문을 쓰기엔 부적절하다는 생각에 시 부문에 응모했다. 주제는 '이웃'이었다. 현대사회의 물리적 공간이 주는 이웃의 의미와 이름 대신 수인囚人인 양 '804호'로 불리는 세태를 빗

대었다. 결미에 불러 보고 싶은 이들을 호명呼名한 시는 장원이었다. 이어서 1995년 인천문인협회에서 주관하는 공모전에 수필 〈아버지의 유산〉으로 대상 입상과 동시에 인천문단 신인상에 등단했다.

당시 심사위원이던 한상렬 선생님을 시상식장에서 만나 화도진도서관의 수필반에서 비로소 수필을 영접했다. 1996년 ≪수필과비평≫에 〈다시, 우체국에서〉로 등단하였다. ≪에세이포레≫의 발행인인 선생님은 등단 이후 많은 지면에 발표하도록 배려했으며, 2008년 수필시대에 평론 등단의 길을 열어주셨다.

고故 장돈식張敦植 선생은 문인이기 이전에 농민들의 자립 터전을 마련해준 사업가이자 독지가였다. 인천 동암역의 일식집에서 가끔 소모임을 가졌으나, 원주로 터전을 옮긴 후 문우들과 산방을 찾곤 했다. 치악산 자락에서 자연의 일부로 살며 작품집 ≪빈 산에 노랑꽃≫에 자신의 삶을 고스란히 담았다. 생전에 선생은 연륜과 무관하게 자신의 작품에 대한 쓴소리를 달가워하셨다. 연전에 선생이 떠난 산방을 찾은 적이 있다. 뜨락의 벤치, 방그러니 계곡도 여전했으나 유쾌한 합리주의자였던 선생의 경쾌한 웃음은 들리지 않았다. 문학과 인생의 선배로서 귀감을 안겨준 큰 나무였던 선생을 추억하며 누구에겐가 기억된다는 의미를 생각해본다.

내 수필의 언저리에는 수필로 만난 인연은 물론 고향의 풍광, 서쪽 하늘의 노을, 서리를 만나 시든 옥잠화가 있다.

2. 수필문학에 대한 본인의 관점은

얼마 전, 국무총리가 중대 업무의 성과를 내지 못한 장관에게 "실행력이 없거나 미약한 정책안은 수필 같은 것이지 정책이 아니다."며 실행 독려를 촉구했다. 타 장르에서 익히 받아온 수모를 공식석상에 듣게 될 줄이야. 현장의 목소리를 제대로 반영하지 못한 정책을 수필과 동일선상에 놓았다. 사람들은 총리의 직유법에 이견이 없었던지 노코멘트했다. 현실성 없는 유명무실하다는 장르에 이십년 넘은 몸담은 나로서는 어떤 표정을 지어야 할지 난감했다. 수필이 그런 장르로 폄하되기까지 나에겐 책임이 없는지 자문했다.

글 쓰는 이에게 가장 중요한 것은 작가정신이다. 작가는 자신의 눈을 통해 타인과 세계를 보고, 나아가 인간 근원의 문제들을 생각한다. 수필이 진부한 고정관념과 적당히 안온한 삶의 연가에 만족해 있다면 유명무실한 장르에 머무를 것이다. 개인적인 경험을 넘어 인식론적 깨달음을 거친 객관적인 시선이 필요하다. 사색과 명상을 바탕으로 한 상상력이 더해진다면 금상첨화다.

윤오영 선생은 "글이란 참된 데서 피어나고, 만드는 데서 시든다."라고 했다. 작가만의 진정성을 드러내는 데 수식이나 가식은 불필요하다. 수필이 고백적인 면이 강한 글이라지만 자기애에 머물러 자신을 드러내기에 급급하다면 문학이라 할 수 있을까.

시인 에즈라 파운드는 "지방 소도시 무명의 피아니스트도 마을회관에서 열리는 콘서트를 준비하기 위해 손끝이 얼얼하도록 연습을 한다. 그 정도 노력을 기울이지 않고 독자들이 내 글에 감동 받기를 원한다면 얼마나 비양심인가."라고 했다. 문학의 본류는 영감이나 서정성이나 감성, 재능이 아니다. 홀로 노력하는 실천의 시간들이 누적되어야만이 문학의 깊이와 넓이를 담보할 수 있다.

작가의 내면에는 또 다른 타자他者가 웅크리고 있다. 욕망의 실체인 타자와의 갈등이 발생할 때면 그것을 품거나 경계한다. 그로 인해 합리적이라고 착각해온 자신의 의지에 혼선이 생기거나 방해받을 수 있지만 자신과의 일정한 거리를 확보해 주기 때문에 내 안의 타자의 소리에 민감해야 한다. 글감과의 일정한 거리유지를 통한 객관성 확보는 필수다.

수필은 인간 삶의 진솔한 육성이 배인 작가의 독특한 페르소나에 가깝다. 넓은 의미에서의 산문은 외형적인 규범으로부터 벗어난 자유로운 문장으로 쓰인, 모든 글을 의미한다. 수필에서 요구되는 산문정신은 명석한 관념과, 사물과 언어와의 정확한 대응을 기하는 긴장된 정신이다. 비판적이고 이성적인 산문의 자아는 리얼리티를 추구하되 대상에 대한 객관적 성찰과 비판하는 입장을 취하기 마련이다. 낭만적 감상을 배제하고, 현실을 객관적으로 탐구하여 자유로운 문장으로 표현하려는 산문정신이 살아있는 한 수필의 전망은 밝다.

3. 본인 작품의 일반적 경향에 대한 자기 분석

비트겐슈타인의 말을 빌지 않더라도 내가 쓰는 언어의 한계는 사유의 그릇이다. 1집에서는 대부분의 작가들이 그러하듯이 신변의 소재가 주종을 이루었다. 그후에는 소재의 폭을 넓히고자 했으나, 생각과 펜끝이 일사분란하게 움직이는 일은 쉽지 않았다.

사유의 그물에 걸려든 글감에 대해서는 다소곳이 예의를 지킨다. 그것의 의미가 희석될세라 각별히 대한다. 때로 까칠한 대상을 만나면 나긋나긋해질 때까지 그것을 품고 부화를 기다린다. 새는 알을 품기 위해 자신의 깃털을 뽑아주고 그 흔적은 포란흔抱卵痕으로 남는다. 나는 때때로 소재를 품으며 부화에 이르지 못할 것을 우려하여 성긴 사유의 깃털을 뽑은 적도 있다. 퇴고 시에는 나의 생각이나 경험 등의 의미를 재구성하는 데 머무르지 않았는지 반성한다. 사유의 포란흔은 13매 내외로 묶인다.

지금껏 내 수필의 시선은 낮은 곳을 향했다. 드라마 속 상류사회는 나의 반경 밖이다. 내 시야에 들어오는 세상 풍경은 이른 아침 지하철에 앉아 졸음을 달래며 출근하는 승객들이다. 〈지하철 연작〉등에서는 도심의 소시민으로 치열하게 살아가는 군상들에게 포커스를 맞추었다. 종로 실버극장과 천변 게이트볼장에서 시간을 보내거나 새벽녘에 모은 폐지 수레를 끌고 횡단보도를 아슬아슬하게 건너는 노인들도 있다. 내 원고지에는 소외된 이들의 일상에 담긴 애환이 배회한다.

현재 연재 중인 '엄현옥의 영화읽기'에서도 부조리한 사회 구조와 인간관계의 갈등에 놓인 소외된 자들이 등장하는 영화를 주로 다루었다. '이야기가 있는 풍경, 떡 이야기' 연작에서는 패스트 푸드의 시대에 슬로푸드의 전형인 우리의 전통 먹거리인 떡에 대해 탐색했다.

지금껏 7집을 발간했으나 청탁이 아니었다면 불가능한 일이었다. 양量적인 면을 앞세울 생각은 추호도 없다. 질質적인 면이 담보되지 않으면 의미없다는 사실을 알기 때문이다. 그럼에도 불구하고 청탁을 거절하지 못하는 이유가 있다. 연전에 문예지의 주간을 맡으며 청탁을 거절당한 적이 더러 있다. 당분간 집필 여건이 되지 않는다는 간곡한 사연도 함께였으나, 타 문예지에는 발표하는 것을 보며 많은 생각이 오갔다. 그 후 청탁을 거절하는 일이 글쓰기만큼 어려운 일이 되었다.

하루 3시간씩 10년 동안 어떤 일에 집중하면 그 분야의 전문가가 된다는 말콤 글레드웰의 '일만 시간의 법칙'도 문학에서는 예외다. 몰입과 사유의 밀도는 그것에 들인 시간으로 계량되지 않는 분야이기 때문이다.

문학을 대하는 나의 치열함과 열정은 만만치 않은 일상의 무게로 인해 시나브로 방전되곤 한다. 독자의 의식을 깨는 도끼 자루로 쓰일 나무 토막 하나 제대로 다듬지도 못했으나 문학과의 동행은 숙명이 되었다. 장거리 레이스인 삶에서 문학을 마음속에 품은 것만으로도 나는 이미 풍요로워졌다. 지금껏 가꾸어 온 내 문학의 주소를 톺아보기 위해, 가끔은 후미진 골목을 서성인다.

4. 유머감각이 출중하다고 한다. 그에 대한 자평은?

이 질문을 대하는 순간 ≪수필미학≫의 정보력에 놀라움을 금치 못했다. ㅎㅎㅎ. 스스로 인정하기엔 민망하지만 내게 유머 감각이 있다면 가족의 영향 때문이다. 유머는 타고난 것이 아닌 후천적 스킬이라지만 내 경우는 예외인 듯하다.

친정 어머니는 낙천적인 재담가였다. 특유의 반어법과 위트를 적절하게 버무린 언어 습관은 그녀의 일상이었다. 심지어는 노년에 문병 차 방문한 성당의 교인들은 환자의 농담으로 도리어 자신들이 위로 받았다며 대문을 나서곤 했다.

중학생이 되자 수학교사로 부임한 오빠는 한 술 더 떴다. 군대 화장실에서 모자를 분실해 곤혹을 치른 이야기를 수업시간에 실감나게 구사할 때 나는 고개를 들지 못했다. 오빠는 병역 면제자였으니, 부끄러움은 양심이 발달한 나의 몫이었다. 유머러스한 오빠에게 몰지각한 융통성이 있었다면 시험지 사전 유출로 수학 우등생이 될 수도 있었으나, 그런 일은 일어나지 않았다. 수업 시간 내내 고개를 들지 못해 수학 점수는 하위권이었다.

둘째 언니는 성대모사의 달인이다. 서울 토박이인 형부의 말투와 도올 김용옥 선생의 성대모사를 들으면 그들과 합석한 기분이 든다.

형제들이 막내인 나를 놀리던 에피소드는 헤아릴 수 없다. 유년 시절 어머니는 누룽지를 튀겨 설탕을 솔솔 뿌려 간식으로 내놓았다. 그날도 튀긴 누룽지를 먹던 중이었다. 때마침 라디오의 대담 프로그램에서 "네, 상당한 충격이었네요."라는 멘트가 나왔다. 나는 '충격'이라는 강한 어휘가 생소하여 무슨 뜻인지 물었다. 오빠는 어른들은 튀긴 누룽지를 '충격'이라고 하며 세상에는 큰 충격도 있지만 작은 충격도 많다고 태연하게 덧붙였다. 형제들에 대한 무한한 신뢰감으로 나는 한동안 충격을 받았다는 말을 튀긴 누룽지를 받았다는 말로 철석같이 믿었다. 그때마다 그들끼리 은밀한 눈웃음이 오갔다는 사실을 한참 후에 알았다.

베이비부머 세대여서 초등학교 저학년에는 과밀 학급을 타개하고자 2부제 수업이었다. 어느 날 오전반을 마치고 단잠을 자고 일어났다. 어스름한 하늘을 이른 아침으로 착각했다. 언니들은 학교 늦겠다며 도화지값과 신발주머니까지 챙겨 배웅해 주었다. 친구들도 보이지 않은 등굣길이어서 지각인 줄 알고 다급한 마음으로 동교다리를 건넜다. 동교통 문방구 앞을 지나는데 가방을 멘 나를 보고 친구가 학교 파했는데 또 가느냐며 불러세웠다. 훌쩍이며 동교다리를 건너왔던 기억이 새롭다. 내 슬픔의 무게는 나를 속이고 박장대소했을 그들의 즐거움에 비할 바가 아니었다.

내게 장착된 유머 감각은 제도적인 시스템은 아니었으나, 낯선 수사修辭에 능한 가족들의 잠재적 교육과정 덕분이다. 근래에는 누군가에게 웃음을 준다는 의미가 희박해진 터라 유머의 잔량이 급격히 소진되었다. 질적인 대화를 나눈 후 탈진되는 것을 보면, 대화 에너지에 필요한 연골이 마모된 듯하여 유머 구사는 가급적 자제하는 중이다.

발화發話된 유머는 자제할지라도 해학과 유머가 깃든 수필을 쓰고 싶다. 몇 마디 어휘로 촌철살인할 수 있는 문장을 꿈꾼다.

5. 창작방법을 다양하게 시도하는 것으로 알려져 있다. 그간 어떤 노력을 했으며 그 성과(가장 애착이 가는 작품과 이유)는 어떠한가?

무엇을 쓰느냐 보다 어떻게 쓰느냐가 더욱 중요하다. 플러그를 꽂으면 끊임없는 실험의식이 역동적으로 생산되는 첨단기기 하나쯤 가졌으면 좋으련만 상상력이 고갈된 빈 우물을 바라보는 심정은 착잡하다.

최근 종영된 드라마 〈미스터 션샤인〉의 원작자는 낡은 사진 한 장에서 드라마의 모티브를 얻었다. 1900년대 초 위태로운 조선을 구하겠다는 일념으로 저마다의 방식으로 애국했던 무명 투사들이 구한, 나라의 정체성에 질문을 던진 화제작의 발단은 그렇듯 우연한 마주침에서 시작되었다.

'모든 예술은 실험'이라는 평소 생각 때문인지 '실험 수필'로 분류하여 발표된 작품에 대한 민망함이 있다. 〈인생 레시피〉는 인간관계에서 파생되는 단상을 조리 과정에 비유했다. 세탁기의 사용 설명

스티커에서 착안한 〈돈세탁 상식〉에는 당시 금융 실명제의 정립으로 일부 특권층 인사나 재력가들의 자금 도피를 비틀었다. 조침문弔針文을 패러디한 〈발톱을 보내며〉는 6집의 표제작이기도 하다. 애착이 가는 작품을 들추자면 〈신도림 중창단〉이다. 각자에게 주어진 사회생활에 몰두하느라 응집력이 다소 허술해진 가족 구성원의 관계를 3인칭 관찰자의 시점으로 써내려간 내 가족의 연대기다.

낯설고 과격한 상상력을 발휘하거나 기형적 구성을 실험수필로 생각하지 않는다. 형식의 실험이 아닌 의미의 실험은 지속해야 할 과제다.

6. 영화에 대한 연재를 계속하고 있다. 영화를 비롯한 다른 장르와 문학의 연관에 대해 어떤 생각을 갖고 있는지?

영화는 문학과 밀접하다. 혹자는 영화의 25% 이상이 문학 작품을 영화화한 것이라고 추정한다. 영화가 문학에게 많은 부분 빚을 진 것으로 볼 수 있으나 예술 장르의 시공간적 개념은 상이할 뿐, 문학이 영화보다 상위를 차지하는 것은 결코 아니다.

문학과 영화는 활자와 영상이라는 표현 주체의 차이뿐 아니라,

네러티브 진행 방식과 의미 전달 과정이 확연하다. 영화에서도 활자의 단계는 존재한다. 시나리오는 영화의 주제를 제시하거나 스크린의 윤곽을 결정하므로 영화에서 시나리오의 비중은 크다.

연재에서 다루었던 영화 외에도, 명화名畫의 이면에는 명작名作이 있다. 홍콩 현대문학의 아버지 류이창의 장편 ≪술꾼≫(1963)은 자본주의를 살아가는 대도시 주변인들의 초상과 인간 소외를 다루었다. 이 소설은 왕가위 감독의 영화 ≪화양연화≫(2000)에 영향을 주었다. 영화 ≪캐롤, Carol≫(2015)은 미국의 스릴러 작가 퍼트리샤 하이스미스의 레즈비언 소설 ≪소금의 값, The Price of Salt≫이 원작이다. 작가는 당시 사회적 분위기를 감안, 미국 정신의학협회가 동성애를 사회병질적 인격장애로 분류한 1952년에 필명으로 출간했다. 1990년에야 본인의 이름을 밝히고 후기를 덧붙여 ≪캐롤≫이란 제목으로 재출판했다. 화려한 시각효과로 무장한 블록버스터 영화들이 극장가를 점령한 시대에, 놀라울 정도로 고요하고 평온한 스크린이 인상적인, 다짐 자무쉬 감독의 ≪패터슨, Paterson≫(2016) 역시 윌리엄 카를로스 윌리엄스(William Carlos William)의 서정시집 ≪패터슨≫에서 모티브를 얻었다. 이렇듯 대부분의 명화는 사회적인 이야기를 내포한 탄탄한 원작에서 시작된다.

수많은 장르 영화의 거장들은 영화라는 국한된 장르에 갇히지 않고 범주를 초월한 개성과 창조성으로 재해석된 작품세계를 보여주었다. 영화의 표현방식이 대사만은 아니다. 추상적 의미를 전달하기 위한 영상의 테크닉은 수필 작법에서의 모티프와 메타포 설정과도 일맥상통한다. 이창동 감독의 ≪버닝≫과 기예르모 델 토로 감독의 ≪셰이프 오브 워터≫에서 읽힌 메타포는 가히 문학 작품을 능가한 설정이었다.

평소 혼자놀이에 능한 나는 몰입도가 높은 홀로 관람을 즐긴다. 월간 ≪수필과비평≫에서 처음 연재 제의를 받았을 때 망설였다. 영화에 대한 철학적 접근이나 전문성 있는 리뷰는 역량 밖이었으므로, 좋아한다는 이유만으로 시작할 수 없는 부담스러운 작업이었다. 수필가의 시선으로 본, 〈엄현옥의 영화읽기〉라는 단서를 붙여주자 도전하게 되었다. 영화전문가가 아닌 나만의 프리즘을 통해 영화를 읽었다. 결미에는 수필의 기법을 적용했다.

대상 영화 선정 시 멀티플렉스 영화관에서 상업적 흥행을 거두었던 영화보다는 예술영화에 편중했다. 복지사회의 사각지대에서 고통받는 개인, 모성을 지킬 수 없는 선진사회 구조의 모순과 어찌할 수 없는 관계의 갈등, 스크린에서 만난 인간 군상은 다난한 세상의 미니어처였다. 더러는 상영관을 독차지하거나 감독과의 대화에 참여하여 영화 제작에 얽힌 뒷이야기를 나누었던 특별한 경험과 원작과 비교해 보는 재미도 쏠쏠했다.

가슴과 머리로 느끼는 감정이나 생각을 정리하는 일은 쉽지 않았다. 화자와 독자의 구분이 확연한 문학과는 달리, 영화의 관객은 카메라의 렌즈와 자신을 동일시하여 객석에 앉아 영화의 화자와 동일시 되는 경험에 빠지곤 했다. 박찬욱 감독이 "자기 영화를 잘 알기는 힘들며, 알기는 하지만 말하기는 더욱 힘들다."는 말에 공감한다. 자신이 만든 영화도 알 수 없다는, 모범답안이 없는 영화읽기는 막막했지만 영화와의 동거는 즐거웠다.

다음 호에 다룰 영화는 무엇인지 미리 알려주면 그 영화를 먼저 보고 연재를 읽고 싶다던 독자들의 관심은 많은 격려가 되었다. 금년 12월로 30회를 끝으로 연재를 마칠 예정이다. 3년 남짓 영화와 동고동락했던 날들은 의미있는 시간으로 기억되리라. 연재가 끝나면 당분간의 아무런 생각없이 오락 영화를 마음껏 보며 실없는 웃음을 날릴 것이다.

7. 직장인 등 본인이 수행하는 여러 역할 가운데 수필에 대한 비중에 대하여

정해진 시간에 출근하여 해 질 무렵 퇴근하는 규칙적인 일상은, 아무런 성찰없이 보내기에 적절하다. 그러한 핑계를 앞세워 일상인의 무딘 의식이 나를 지배하거나, 사물의 이면을 보지 못하는 갇힌 사고를 경계한다.

공교롭게도 수필에 눈뜰 즈음, 복직을 하게 되어 문학에 대한 '온리 유(only you)'는 20년 전 물 건너 갔다. 한 지붕 두 가족으로 지내게 된, 일과 문학을 양팔 저울에 올려놓고 균형 유지에 안간힘을 기울인다. 30년이 넘는 직장 생활 중 교사로서의 재직 기간은 10년이었기에 그 후 관리자로서의 업무 특성상 꾸준한 집필에 도움이 되었다. 그 경험을 토대로 ≪에세이스트≫ 발간 초창기에 〈교단에세이〉를 연재한 바 있다.

대학원 진학을 앞두고 전공 선택에 고민한 적이 있다. 마음은 문학 관련 전공을 선택하고 싶었으나 일과 밀접한 '유아특수교육'을 택했다. 현재 운영하는 국공립 어린이집의 특성상 심적 부담이 가볍지만은 않다. 문학도 삶도 누군가와 더불어 함께 가야 하는 여정이지만 참석해야 할 모임에 불참하게 되는 일이 다반사다.

수필 동네에서는 직업에 대해, 업무로 만난 이들과는 문학 얘기를 가급적 하지 않는다. 두 영역에서 각 전문성이 결여된 듯한 선입견을 은폐하기 위한 나름의 전략이자 일종의 방어기제다. 직장에서는 마땅히 업무 중심형으로, 문단에서는 오직 글로써 말해야 한다는 생각에서다.

나는 작가이기 전에 생활인이다. 내 생활의 토대 위에서 문학이 둥지를 튼다. 치열함이 결여된, 작가답지 못한 자세라 해도 부정할 수 없다. 청탁에 쫓겨 완숙에 이르지 못한 작품을 보내고 난 후에는 함량 미달에 대해 자책한다. 작가임을 보란듯이 내세우지 않는 것을 그에 대한 반성으로 갈음한다.

8. 교육자 부부다. 작가로서의 활동에 보탬이 되는 점과 애로가 되는 점 등 가족 이야기

등단 무렵 남편은 충실한 나의 첫 독자였다. 국어 교육을 전공한 그가 나의 수필에 훈수를 두었을 때, 그의 의견을 수용하지 않았다. 남편 역시 자신의 교육 칼럼집 두 권을 내는 과정에서 나의 충고를 전면 거부했다. 그러나 나의 작품집 발간 시에는 교정에 많은 도움을 준다.

평행으로 달리는 레일 위에서 서로의 속도를 존중해주고 보니 부딪히지 않게 되었다. KTX 열차는 첨단 기술력과 선로와 직선화로 인해 고속이 가능하지만, 삶은 직선화가 불가하다. 오르막과 내리막이 교대로 나타나는가 하면 복병처럼 나타난 커브길로 인해 무궁화호 속도도 버겁기는 마찬가지다. 속도를 낮추고 서로에 대한 기대를 덜어내 충돌은 면했다.

거기에 더해 근래에는 간이역마다 쉬어가기로 작정했다. 시간이 알려준 지혜다. 서로 생활 패턴이 비슷하고 보니 상대방에 대한 이해도가 높은 편이다. 두드러진 애로점이 없다는 점은 그나마 다행이다.

9. 쓰고 싶은 글의 방향 등 앞으로의 비전에 대하여

언제부턴가 절집에 가면 번듯한 대웅보전 앞뜰을 지나쳐 슬며시 뒤편으로 간다. 뒤란의 풍경에 오래 머물다가 이면에 담긴 것들에 시선을 준다. 단아하고 정결한 절집의 품위 유지에 필요한 청소도구며 화재에 대비한 소화기 등이 놓인 허드레 공간에 마음과 시선이 오래 머문다.

글은 논리의 힘으로 아름다울 수 있으나 현학적이거나 작위적인 글이나 의도적으로 멋을 부린 문장은 감동이 반감된다. 낮은 데로 흐르는 물처럼 낮은 곳에 시선을 두고 싶다. 상선약수上善若水의 경지는 글에서도 최선이다. 독자를 의식하기보다는 내 자신부터 만족한 글을 쓰고 싶다.

두 눈 부릅뜨고 정색한 채로 60년을 살았다. 이제부터는 실눈을 떠도 나쁘지 않다. 소리없이 침잠하는 것들의 아우성을 듣기 위해 아예 눈을 감아도 좋을 것이다.

부조리한 현대사회를 조명하되 비판만을 내세우기보다는 생활인의 철학을 터득하리라. 지하철 연작 등의 작업을 통해 낮은 것들의 꿈틀거림에 귀기울였듯 사회현상의 이면에 대해 폭넓은 통찰로 다가가고 싶다.

10. 수필로 인해 고마웠던 일

첫 수필집 ≪다시 우체국에서≫(1996. 문학관)의 표제작의 배경은 광주 우체국이다. 광주에서 청년기를 치열하게 보낸 이들의 아지트였던 속칭 '우다방'에 대한 추억을 담았다. 제목이 주는 인연 때문인지, 나도 모르게 우체국에서 발간한 잡지에 실리게 되었다. 격동의 시대를 묵묵히 바라본 광주 우체국이 시민의 정서에 깊이 뿌리내리자, 1998년 광주 우체국은 나의 등단작 〈다시, 우체국에서〉의 무대였던 '우다방'을 시민 휴식 공간으로 제공하기로 했다. '우다방' 개소식에 초청장을 받았다. 비록 참석치 못했으나 내 문학의 시공간을 공유하게 된 독특한 경험이었다.

남도 땅 천관산 문학공원에는 수필 〈나무〉의 결미가 새겨진 문학비가 있다. 평소 생존자의 문학비는 가당치 않은 일이라 생각했으나, 당시 회진읍장은 간곡한 육필 편지를 보냈다. 특유의 아우라를 발하는 거절할 수 없는 궁서체였다. 읍장님과 지역 주민의 헌신과 봉사로 한국의 문인들의 시비로 조성된 문학공원이 설립되었다.

가끔 선후배나 문우들이 문학 공원에 들렀다가 우연히 발견한 낯익은 이름의 문학비와 장흥문학관에 전시된 나의 패널 앞에서 인증샷을 보내준 일이 많다. 문학을 사랑한 나의 흔적이 고향에 남아 있음은 감사한 일이다.

내 고향은 소설가 이청준, 한승원 선생의 고향이자 문인을 다수 배출한 지역의 특성상 문학 특구로 지정되었다. 문인뿐 아니라 화단에서 주목 받는 화가들도 많아 매년 출향 예술인을 초대하는 행사를 개최한다. 참여하지 못하는 아쉬운 마음은 나의 문학이 언젠가는 고향에 기여할 날이 올지 모른다는 아련한 바람을 품게 된다.

공들인 것에 비해 문학에 진 빚이 많다.

— ≪수필미학≫(2019. 봄호)

대상에 대한 각별한 예의

ㅡ작가를 말한다/ 수필가 정희승

정희승 작가에 대하여 말할 때 작품을 먼저 떠올린다면 밀도 높은 사유와 상상력이 빚어낸 수사修辭의 그늘로 인해 문학 이면의 면모를 살피지 못하리라. 필자와는 첫 대면부터 문학의 범주에서 교류를 해온 터라, 편집자의 의도인 문학 이외의 정희승 작가에 대해 말하는 일은 쉽지 않다. 일상이 문학과 밀접해 있는 정 작가에게는 문학과 문학 외적인 요인들이 서로 밀접한 역학관계에 있기 때문이다.

정희승 작가는 수필계에 만연한 모지母誌 출신 작가 중심의 블럭화된 현실에서 저만치 비껴 서 있다. 굳이 무리에 섞일 이유가 없어서인지, 의도적인 교집합의 구성원으로 자리매김하는 일에는 마지

못해 얼굴을 보이는 정도다. 다양한 문예지와 관련된 모임에 앞장서는 일도 드물다. 거친 들판에 의연하게 서 있는 상록수를 연상케 하는 그의 행보는 독보적이다. '문文은 인人이다.'라는 말은 그를 일컫는 말이다.

정 작가의 이런 면을 가끔은 망각하고 두어 번 어느 소모임에 동참을 권유한 적이 있다. 그의 대답은 매번 예상대로였다. 연예인으로 보면 신비주의 전략 비슷했다. 그러나 기획사가 있을 리 없으니 다른 의도는 없어 보인다. 뼛속까지 선비인 그의 성향으로 짐작할 뿐이다.

이공계 출신의 명망있는 대기업의 중견 회사원이던 그를 한국 문단이 기억해야 할 수필가로 바꾼 것은 건강의 악화였다. 사십 중반에 직장 생활의 유지가 어려울 정도의 통증으로 퇴직했던 그가 건강을 되찾기까지의 과정도 남다르다. 작가가 매달렸던 한방 치료에 차도가 없자 한의사는 과도한 침술로 그의 건강을 다스렸다. 과잉진료로 인한 거부 반응으로 인해 걷지도 못하는 상황에 이르렀으나 자신의 힘으로 건강을 되찾겠다는 의지는 그를 일으켰다. 21세기의 신농씨神農氏인 양 자신의 증세에 합당한 약초를 스스로 찾아 나섰다. 약초의 효능이었을까. 하루에 한 걸음씩 늘려가며 걷기 시작했다. 그의 신념에 병이 굴복했으리라.

정희승의 등장은 수필계의 신선한 바람이었다. 그런 바람의 기류에 민감할 수밖에 없는 문예지에서는 정 작가의 연재를 희망했다. 그가 거주하는 인천의 문화재단에서는 작품집 창작기금을 연이어 지원했으며, 국내 유수의 문학상은 그의 작품을 당선작으로 세우기를 망설이지 않았다.

그 정도의 스포트라이트를 받은 후라면 초심이 희석될 만도 했다. 그러나 그는 정희승이었다. 두 권의 작품집을 통해 드러난 빙산만으로는 심해 깊이 드리웠을 그의 문학적 뿌리와 매장량을 가늠할 수 없다.

정 작가는 사물에 대한 예의가 각별하다. 시뮬라크르 시대에 대한 반항인 듯 누구도 상상할 수 없는 색상을 자신만의 팔레트에 배열했다. 거기에 더해 독창적인 붓질로 사물과 대상을 채색해왔다. 그의 문장은 자판을 통한 자음과 모음의 조합이 아닌 묵직한 정釘으로 바윗돌에 새긴 듯하다. 그가 벼린 단어는 인쇄공이 핀셋으로 활자를 배치하듯 적재적소에 꽂힌다. 그래서인지 그의 문장에서는 문자가 활자로서만 기능하지 않는 독특한 향이 배어난다. 거기에 더해 낙화 소리, 바람 소리, 물소리, 숲 냄새…. 시각에서 청각을 아우르는 효과음이 행간에서 들려온다. 정희승의 문장은 사물과 대상에 대한 신뢰와 애정으로 가득하다.

얼마 전, 이 글과 관련한 통화 중 "우리가 언제, 몇 번쯤 만났죠?"

로 시작되는 자연스러운 대화가 이어졌다. 퍼즐 조각처럼 맞추어진 서로의 기억에 의하면, 당시 내가 주간으로 있던 문예지의 연재 청탁을 위한 자리가 첫 대면이었다. 일면식도 없던 정 작가와 만나게 된 계기는 작품 때문이었다. 이후 ≪선수필≫의 편집을 위해 구로동 반지하의 사무실에서 작품을 선選하기 위해 만나던 기억도 있다.

오래전, 기대했던 C 선배의 작품집이 나왔다. 조촐한 축하연을 위해 대여섯 명이 인사동의 음식점에 모였다. 동석하신 수필계의 원로 S 선생님의 총애를 한몸에 받던 정희승 작가도 모처럼 함께였다. 그 자리에는 정 작가를 처음 대하는 이도 있었다. 지면을 통해 익히 작품의 진가를 알았던 터라, '뉴 페이스'의 등장이라며 환대했다.

마음 놓고 우쭐해도 좋을 만한 자리였으나 선배들의 넘치는 관심조차 멋쩍어 하던 일이 떠오른다. 적극적인 리액션 대신 빙긋이 웃을 뿐이었다. 그런 정 작가를 대할 때면 사유가 흩어질세라, 심연의 고요가 소요를 일으킬세라 스스로를 경계하는 선승禪僧의 이미지였다. 이런 점을 보면 그가 소통을 기피하는 외곬이 아닐까 오해를 할 수도 있다. 다행히도 그는 문학에 관한 소통에는 적극적이다.

종로에선가, 지하철 1호선을 타던 귀갓길이었다. 정 작가는 그 흔한 교통카드의 필요성조차 절감하지 못했음인지 1회용 카드를 구매했다. 먼저 개찰구를 나왔던지라 기다리던 나는 교통요금을 전자적으로 지급하는 매체에 대한 거부감에서 후불제 교통카드 사용을 자제한다고 생각했다. 나중에 알고 보니 오랜 투병을 거친 후였기에 대중교통 이용조차 익숙하지 않았던 때였다.

때론 좋지 않다고 생각했던 일이 뜻하지 않은 선물을 안겨주기도 한다. 정 작가가 지금껏 자본의 논리를 추구하는 기업의 구성원으로 활약했다면 시간의 흐름에도 소멸되지 않을 견고한 문학의 성 쌓기는 불가능했으리라. 웅숭깊은 사유와 몰입의 산물인 투명한 산문정신은, 오로지 자신과 독대하며 영혼에 침잠하던 시간의 부산물이다. 그 누구도 직조할 수 없는 값진 언어의 집을 지었다. 조직을 버린 자연인이 되어 어휘를 숙성시키고 문장을 갈무리한 내공이다.

거기에 더해 세밀화 실력은 가히 수준급이다. 평소 그의 삽화를 유심히 봐왔던 나는 언젠가 야생화 관련 공모전에 세밀화 출품을 권유한 적도 있다. 그의 작품집 삽화에서 볼 수 있는 여러 점의 세밀화에서는 연필 그림이 주는 평면적인 느낌이 아닌 들숨과 날숨의 결이 오롯이 느껴진다.

세밀화의 질료인 연필에서 착상한 정 작가의 수필 〈낙타표 문화연필〉은 연필을 쓸 때마다 새록새록 상기해야 할 명문名文이다. 서두에서부터 집전하는 제사장의 손길이 깃든 이 글에는 문법과 수사가 잠든 연필심鉛筆心이 있는가 하면 따뜻하고 자비로운 미덕을 가진 지우개도 있다. 광활한 신성함이 깃든 가없는 사막을 한 점點으로 걷는 견고한 고독의 중심에 선 화자도 만날 수 있다. 필설도 표현하지 못한 것은 그의 연필 끝에서 다시 태어난다. 이는 대상을 대하는 작가의 마음결과 무관하지 않아 보인다. 세밀화에서도 수필 향이 묻어나던 이유다.

어느 봄날, 작가는 운동화 끈이 풀린 산책길에서 아파트를 찾은 순대차를 만난다. 그의 심연의 프레임은 '참담함에 무력감을 버무린 소를 가득 넣은 애를 어슷어슷 썰어놓은' 순대와 벚나무의 낙화에 머무른다. '단장의 슬픔을 소금에 찍어먹거나 검은 비닐봉지에 싸서 말없이 집으로 가져'가는 사람들의 모습에 이르면 일시 정지한다. 마땅히 애도할 일에도 조의를 표하지 못하는 세상의 무심함을 본다. 꽃눈에서 맺힌 눈물을 읽어내고 화사한 봄꽃을 달고 서있는 벚나무에서 도열하여 숨죽여 우는 군상이 오버랩된다.

덤으로 산다는 생각에 가득찼던 정 작가의 다짐은 문학을 통한 사회의 기여였다. 아름다움이 문학의 전부가 아니며 서정성의 한계를 절감했던 그는 사회 참여 수필에 냉철한 메시지를 담았다. 그가 보낸 뼈있는 메시지는 낮고 부드럽고 예리하여 잔잔히 파고든다. 낙화落花와 순대차와 끈이 풀린 운동화가 한 컷에 담긴 삽화는, 찬란한 슬픔의 봄이 정지된 화면으로 각인되었다.

문학의 소임은 인간의 존엄성을 훼손하는 사회에 대한 비판 정신과 저항이다. 인간다운 삶의 결핍에 대한 인식을 바탕으로 인간 존재의 근원적인 한계를 통찰하고 인간다움을 추구하는 그의 문학정신은 일상에서 사라진 쓸쓸함과 그리움의 행방을 추적한다.

정희승 작가는 수필계의 브랜드로 자리매김했다. '정희승'의 라벨이 부착된 수필은 한 줄 한 줄 야금야금 새기며 읽어야 제 맛이다. 그가 고른 어휘에 맛들이다 책장을 자꾸 넘기다 보면 그의 수필의 늪에서 헤어나오기 어렵기 때문이다.

정 작가는 수필집 서문에서 "한 권의 책을 쓰는 데도 많은 이들에게 빚을 졌다. 주위의 지인은 물론 돌, 바람, 달, 별, 산, 나비, 연꽃, 구름, 대나무 등 이루 다 헤아릴 수 없다."고 고백한 바 있다. 대상을 지나치게 미화하지 않았는지 겸허하게 반성하는 작가에게서 사물에 대한 예의로 충만한 문학정신을 가늠해 본다.

현대인은 목적도 종착지도 불분명한 달리기를 멈추지 않는다. 정희승 작가는 이런 세상의 속도에 저만치 비켜 있다. 저잣거리를 걷다가 인환人寰의 거리와는 어울리지 않은, 동안거冬安居를 끝낸 청정한 행보로 걷는 이를 만난다면 그는 정희승 작가일 것이다.

— ≪수필미학≫(2018. 여름호)

시간의 강가에 선 느티나무

—맹난자 선생 희수 헌정집 ≪모과 한 알≫ 수록

20여 년 전의 어느 주말, 관여觀如 맹난자 선생님을 처음 뵈었다. ≪에세이스트≫ 발행인 김종완 선생님이 맹 선생님을 소개해주시던 자리였다. 문단 새내기였던 내게, 지면을 통해서만 만났던 수필계의 큰 나무인 관여 선생님과의 대면은 어렵게만 생각되었다.

나의 심적 부담과 긴장감은 기우였다. 잠실 롯데월드 한식관에서 뵈었던 관여 선생님은 인위적인 치장으로 스스로를 돋보이게 하려는 의도는 아예 없어 보였다. 단아한 외적 이미지, 잔잔한 미소와 외유내강의 아우라로 문단 초년병을 격려해주셨다. 관여 선생님의 문학에 대한 열정은 당시 50대였던 선생의 이미지를 영원한 문학청

념으로 각인시켰다. 초면인지라 그날 사주셨던 정갈한 한정식을 마음껏 먹지 못한 일은 아쉽지만, 김종완 선생의 배려와 특유의 친화력으로 훈훈했던 순간에 대한 기억이 생생하다.

이후 자연스레 선생님의 수필에 빠져들었다. 양의 동서를 가로지르고 생과 사를 넘나드는 거침없는 필봉은 작품 속의 소재들을 무장해제시켰다. 현존하는 철학자와 사상가, 예술가들의 삶을 추적하며 스스로 답을 찾아간 과정을 따르다 보면, 삶은 죽음에 이르기 위한 과정에 불과했으며 존재와 몸은 선생 특유의 사유로 다른 의미와 색채를 발했다. "쌀벌레, 그리마, 코스모스, 까마귀, 기러기, 모과 한 알…." 미물이어서 더욱 애틋한 존재들에게조차 마음과 의미를 전하는 선생의 숨결과 철학은 예리했으나 온화했다.

문사철文史哲을 아우르는 폭넓은 식견에 담긴 선생님의 수필은 천의무봉이다. 이성과 감성을 아우르는 사유의 독창성은 예리한 부드러움으로 심연에 파고들어 독자로 하여금 자신의 삶을 성찰하게했다. 불교적인 시선에 국한되지 않은 페이소스의 미학에 젖은책장을 쉽게 넘길 수 없었다.

그런 치열함과 열정에도 시간은 비켜가지 않아, 선생님이 어느덧 '희수稀壽'를 맞이하신다니 만감이 교차할 따름이다. "작품은 영혼의 기록이며, 작품을 통해 구도의 과정을 보여준다."고 하신 문학관과 삶의 철학은 죽음 앞에서 비로소 성숙해질 수 있는 인간을 향한 죽비소리다. 문학을 대하는 작가로서의 자성自省을 깨우쳐 주시던 울림이 아직도 쟁쟁한 현역이시다.

> 이제 마른 가슴에 우물 정井 자로 뚜껑을 덮는다.
> 동면에 든 산짐승처럼 설원에 나 또한 아무 자취 없으리.
> 태양은 다시 떠올라 산등성이의 뼈를 감싸고 세상은 본디 푸른 적막에 잠기리.
> 어디에 내 다녀간 자취 있으랴.
>
> – ≪시간의 강가에서≫의 서문

현인들의 시간에 대한 관념이 압화押花로 새겨진 작품집 ≪시간의 강가에서≫의 서문을 읽는 순간 가슴이 먹먹해졌다. 선생은 스스로 시간과 강물에 밀려 흘러가는 유한한 존재에 머무르지 않았다. 강물과 시간에 대한 사유는 행간을 벗어나, 시간의 흐름을 품을 수 있는 존재로 거듭났다.

〈빈 배에 가득한 달빛〉에서는 벽에 걸린 수묵화 한 점을 바라보며 잔잔한 물살 위를 배회한다. 공자의 "가는 자 이와 같은가."를 되뇌이며 "혼자서 차 오르는 달처럼 내 안에서 만월을 이룩하고 싶었다."

던 독백은 비우고 버리는 삶이 체화된 단독자單獨者로서의 실존과 독대한 의연함이 깃들어 있다.

"바람부는 언덕에 선 채, 나 이대로 좋다."라는 절창이 오래 남을 〈나, 이대로 좋다〉의 결미와도 일관성을 확보한다. 자신의 삶의 철학을 토로하는 선생의 고고함은 거칠 것 없는 삶에 대한 의지로 읽힌다. '비비안 리'가 흙 한 줌을 쥐고 다시 일어나기 위한 결기와 재기를 위한 투혼을 불사르던 〈바람과 함께 사라지다〉의 라스트 신을 연상케 한다. 삶에 초연한 선생의 소신과 생에 대한 의지로 불타오르던 여주인공이 어떤 이유로 연상되는지는 논리적 설득이 어렵다.

〈벌레〉에서는 욕조에서 발견한 작은 돈벌레가 제 발로 사라져주기를 바라는 간절한 마음이 행간을 채운다.

> 텅 빈 자리. 놈의 모습은 끝내 보이지 않았다.
> 어느 날, 내 떠난 자리를 보는 듯했다.
>
> – 〈벌레〉 중에서

탈출에 소극적이던 벌레가 보이지 않던 어느 날, 선생은 생의 마지막을 예측한다. 존재함이란 '존재 없음 (non-being)'을 극복하기 위한 몸부림을 동반한다. 인간은 존재함과 존재 없음의 수동적 위치인 '사이'에서 비참함을 견뎌내며 존재한다.

한계와 가능성을 모두 가지고 있는 복합체인 인간은 한계성으로 인해 개별적 고유성(individuality)을 부여받는다. 개별적 고유성은 개개인을 다양하고 특별하게 구성하는 요소이며 존재 없음으로 나아가게 한다. 역설적으로 인간은 존재 없음으로 인해 존재가 가능하다. 스스로 떠난 자리를 예측하며 선생은 인간 존재에 대해 통찰한 결미의 여운이 길다.

인간은 자기 안에 머물며 영속적 진리에 대해 사색하는 멈춤의 시간을 가질 때 비로소 자아로서 존재할 수 있다. 〈시간의 단면〉에서는 가족의 죽음과 맞물린 물리적인 시계와 시간이, 활동적 삶 중심의 가치관에서 사색적 삶 중심의 가치관으로 바뀐다. 비로소 관 하나를 마음속에서 내려놓을 수 있게 된 선생은 시간의 단면 속에 오롯이 풍화되어도 좋은 경지에 도달했다.

특히 물상이 생기를 얻어 호흡하는 듯한 〈내면內面 일기〉의 도입부에서는 인사동 일대에 깃든 선생의 인연이 파노라마로 펼쳐진다.

> 인사동길로 접어들었다. 특히 안국동에서 종로로 빠지는 인사동 길은 백두대간과도 같다. 젊은 날 근무하던 곳이 이곳이었고, 6년 동안 다닌

여학교도 이 근처였다. 어느 곳 하나 추억되지 않는 곳이 없다.

-〈내면內面 일기〉 중에서

"오감五感의 부딪침에서 촉발되는, 내면의 찰과상과도 같은 그런 감정들이 무료한 심상心像 위로 떠오를 때면 천천히 발걸음하는" 인사동에는 관여 선생의 치열했던 청년기의 추억이 담겨 있다. 선생을 총애했던 예술가들의 흔적이 고스란히 남아있으며 재직했던 종로구청 청사, 점심시간에 책을 반납했던 종로도서관도 있다. 사무실에 들른 김구용 선생께 차를 대접하러 올라갔던 이층 다방도 그곳이었다. 이제는 고인이 되었으나 그분들과의 인연은 따뜻함이 가시지 않아 우러나는 차향처럼 은은하게 그곳을 배회한다.

그러나 나는 다만 창 밖 보행자들을 멍하니 바라보며 쇼펜하우어처럼 앉아 있다. 전인前人의 답습, 이것도 인생인 것 같다. 다시 이 의자에 앉을 사람은 누구일까? 이렇게 지나가는 인사동 사람들 중에 '하나일 뿐인 나'라고 적어 둔다.

-〈내면內面 일기〉 결미

선생은 거리를 지나가는 행인들 중의 한 사람으로 남고자 하나,

인사동 일대와 올림픽공원 등 선생의 작품에 나타난 수필적 토포필리아(TopoPhilia)는 관여 선생의 문학적 토양으로서의 가치가 크다. 작품의 배경으로 등장하는 장소는 단순한 지형적인 공간을 넘어 생의 중요한 시기와 함께 한 심리적, 체험적 공간에 대한 지향성으로 유형화된다. 작가와 자연환경의 기계적인 결합이 아닌 감성적으로 결합된 지리적인 경험이다.

'맹난자'라는 인간의 흔적이 깃든 공간은 작가의 정서적 연계성을 획득한 장소로 거듭 나 독자들은 특정 장소에 유발되는 의식 · 무의식적인 정서적 반응에 주목하게 된다. 뿐만 아니라 선생의 작품 속에는 한국문학사에 길이 남을 기념비 같은 문사들이 속속 등장한다.

단순한 인간주의 지리학의 핵심 주제뿐 아니라 웅숭깊은 정한情恨의 정서적인 감흥은 〈내면內面 일기〉의 인사동, 〈만목滿目의 가을〉의 올림픽공원 등과 같이 현실의 장소이지만 내면의 공간으로 기억된다. 후학들은 한국문학이 기억해야 할 문학적 공간으로 선생의 사유와 철학이 깃든 작품 속의 공간을 인장印章처럼 새길 것이다.

누구에게나 죽음의 품에 안길 것을 알기에 삶은 소중하다. 죽음에 이르기 위해 치열하게 뜨겁게 살 수밖에 없다. 활이 휘어질수록 화살은 멀리 날아간다. 휘어짐은 삶에서의 고통이다. 고통을 작품으로 승화시킨 화가 프리다 칼로는 죽기 전 "삶이여 만세(VIVA LA VIDA)"라는 말을 남겼다. 선생은 삶의 고통을 자신만의 정제된 언어로 승화시킨 삶의 철학과 문학의 성城을 쌓았다.

강에서 시작된 인류의 역사는 생명과 에너지의 원천이다. 중국의 사천성에서 시작하여 동부 해안으로 이어지는 장강長江은 긴역사를 품고 험준한 산을 굽이굽이 돌며 도도히 흐른다. 시간의 강가에 드리운 선생의 느티나무에는 사시사철 종種을 초월한 새들이 깃들고 숨탄 미물들이 머문다.

선생이 이룬 문학의 장강長江, 그 강가의 느티나무 그늘에 사숙하는 작가들은 문학에 이르는 도정의 고단함을 풀어놓고 희망과 좌절을 동시에 체득한다. 관여 선생이 품은 사유의 폭과 철학의 깊이는 닿을 수 없는 거리에 존재하지만 선생이 이룬 문학적 성취와 남다른 행보는 영원하다. 그 앞에 선 우리는 넘을 수 없는 문학의 산맥을 앞에 둔 인간적인 절망을 잠시 내려놓아도 좋다. 문학적 성취는 한국수필문학의 자랑스러운 한 장으로 기억될 동일시(identification)의 대상으로 그만한 멘토 한 분쯤 간직할 수 있다면 이대로 좋지 아니한가.

— 맹난자 선생 희수 헌정집 ≪모과 한 알≫(2018)

엄현옥 제8수필집
소금창고

인쇄 2019년 08월 16일
발행 2019년 08월 20일

지은이 엄현옥
발행인 서정환
펴낸곳 수필과비평사
주소 서울시 종로구 삼일대로 32길 36(익선동 30-6 운현신화타워 빌딩) 305호
전화 (02) 3675-3885, (063) 275-4000 · 0484
팩스 (063) 274-3131
이메일 sina321@hanmail.net essay321@hanmail.net
출판등록 제300-2013-133호
인쇄 · 제본 신아출판사

저작권자 ⓒ 2019, 엄현옥
이 책의 저작권은 저자에게 있습니다. 서면에 의한 저자의 허락없이 내용의 일부를 인용하거나 발췌하는 것을 금합니다.
COPYRIGHT ⓒ 2019, by Um Hyeonok
All rights reserved including the rights of reproduction in whole or in part in any form.
저자와 협의, 인지는 생략합니다.
잘못된 책은 바꿔 드립니다.

ISBN 979-11-5933-232-6 03810

값 13,000원

이 도서의 국립중앙도서관 출판예정도서목록(CIP)은 서지정보유통지원시스템 홈페이지(http://seoji.nl.go.kr)와 국가자료공동목록시스템(http://www.nl.go.kr/kolisnet)에서 이용하실 수 있습니다.(CIP제어번호: CIP2019031889)

Printed in KOREA

본 사업은 (재)인천문화재단 사업으로 선정되어 발간하였습니다.